Norbert Klugmann / Peter Mathews

# Kleinkrieg

Stories

rororo

Rowohlt

Originalausgabe
Veröffentlicht im
Rowohlt Taschenbuch Verlag GmbH,
Reinbek bei Hamburg, Juli 1996

Umschlaggestaltung Beate Becker/Gabriele Tischler
Illustration Hendrik Dorgathen
Satz Sabon (Linotronic 500)
Gesamtherstellung Clausen & Bosse, Leck
Printed in Germany
200-ISBN 3 499 22072 5

# Inhalt

Klugmann / Mathews

# Die Schlacht am kalten Buffet

Lutz Burger holte Luft: «Zwei Pfund Gänseleberpastete, ein Pfund Wildschweinschinken und Parmaschinken, auch ein Pfund.» – Langsam zeigte sich im Gesicht der Verkäuferin Interesse. – «Langustenschwänze, die da in der leichten Paprikamayonnaise, ein Pfund. Eine Mailänder Salami, im Stück natürlich. Und dann stellen Sie mir bitte noch ein paar Salate zusammen. Bunt gemischt. Aber nicht zu bunt.» – Die Verkäuferin sah zufrieden aus. Auch der Mann an der Kasse des Feinkostgeschäfts schmunzelte beim Eintippen. Lutz Burger fühlte etwas Schweiß auf dem Rücken. Er kaufte seit vier Jahre nicht gerade ärmlich ein, doch solch einen Laden in einer der Hochpreis-Passagen der Innenstadt suchte er zum erstenmal auf. – «Vergessen Sie den Karton Pommery nicht», sagte

Burger. Der Verkäufer blickte ihn an, Burger bedauerte den Satz sofort. Der Verkäufer blickte nach hinten. «Der Hummer wird gerade verpackt. Wenn Sie gestatten, plazieren wir ihn zu den fünf Dutzend Austern in ein kleines Weidenkörbchen.» – «Schon recht», entgegnete Burger. Er wurde das Gefühl nicht los, daß sich die Kunden in der Reihe vor ihm wesentlich souveräner verhalten hatten als er.

«So», sagte der Verkäufer, «das hätten wir. Oh, was sehe ich denn da? Käse zum Ausklang?»

Burger nickte.

«Deliziös», sagte der Verkäufer entzückt. «Ich rieche Chlochette des Charantes. Exzellent gewählt, der Herr.»

Fast andächtig hob der Mann den Rohmilchkäse in die Höhe. Der Mann lächelte, der Käse stank. «Wünschen der Herr, daß wir die Ware ins Haus liefern?»

Der Gedanke gefiel Burger nicht übel, aber die Zeit war zu knapp. «Ich bin mit dem Wagen da.»

Der Mann an der Kasse winkte eine junge Frau heran, die sich sofort über Burgers Einkäufe hermachte und sie in Wachspapiertüten verstaute.

«Lassen Sie», sagte Burger nervös. Es war ihm unangenehm, sich von der Frau helfen zu lassen.

«Siebenhundertdreiundsechzigvierzig, der Herr», flötete der Mann. Burger hatte so was schon befürchtet. Er nickte, zog sein Scheckheft aus dem Jackett.

«Wenn Sie bitte zwei Schecks ausfüllen würden», sagte der Mann an der Kasse.

«Die Banken, Sie wissen ja ...»

Burger verließ den Laden mit fünf Tüten und dem Karton Pommery. Die junge Frau ließ sich nicht davon abhalten, ihm zwei Tüten bis zur Ladentür zu tragen.

Den Neuen Wall entlangschleppend, begegnete er dem Blick des Bettlers mit Schulterzukken. Er hatte nun wirklich keine Hand mehr frei.

Im Wagen atmete Burger tief durch. Er drehte sich um, betrachtete die Leckereien auf dem Rücksitz. Übung. Alles Übung. Beim dritten-, viertenmal machst du das mit links. Irgendwann muß man seine kleinbürgerliche Herkunft abschütteln. Burger gönnte sich eine Zigarette, startete den Wagen, stellte das Radio an, fädelte sich in den schon sehr dichten Feierabendverkehr ein. Obst und Gemüse wollte er im Grindelhof besorgen. Das Geschäft lag auf halbem Weg.

«Danke, Mutti», sagte Burger ins Leere, weil ihm gerade einfiel, daß der Bausparvertrag, den ihm die Eltern zum Diplomkaufmann geschenkt hatten, den Grundstock für die Finanzierung gebildet hatte. «Kleinvieh macht auch Mist.» Inge und er hatten sich fest vorgenommen, die Mutter so bald wie möglich zum Kaffeetrinken einzuladen. Aber nicht heute. Heute war keine Zeit für Gefühlsduseleien. Burger quälte sich von Ampel zu Ampel. Inzwischen eroberte der Käse, obwohl mehrfach verpackt, den Luftraum des Wagens. Burger öffnete das Beifahrerfenster eine Handbreit. Er beschloß, niemals solche penetranten Artikel in das Sortiment aufzunehmen, das er bei dem internationale Lebensmittelkonzern verantwortlich betreute.

«Schlaf nicht ein, grüner wird's nicht», knurrte Burger und lächelte dann. Heute war genau der falsche Tag für solche mickrigen Aggressionen. Burger drehte die Politik aus dem Radio, suchte nach einem Sender, der Musik lieferte. Er mußte nicht lange suchen.

Der Verkehr schob sich langsam über Jungfernstieg, Gänsemarkt und Dammtorstraße. In Burgers Wagen roch es immer durchdringender nach Käse.

Er befand sich jetzt auf gleicher Höhe mit

dem Kriegerdenkmal am Dammtorbahnhof. Das Denkmal war ein mächtiger Klotz aus grauem Beton. Das Gegendenkmal von Hrdlicka wirkte dagegen zierlich, wie verloren. Das differenzierte Gebilde aus Bronze, Marmor und Granit hatte keine Chance, sich gegen die tumbe Wucht des älteren Kriegsmonstrums durchzusetzen. Die Autoschlange kam noch einmal drei Meter voran.

Und dann sah Burger den Grund des Staus.

«Scheiße.»

Aus Richtung Dammtorbahnhof kam ihm ein Demonstrationszug entgegen. Ein Streifenwagen mit Blaulicht fuhr im Schrittempo vor den Marschierern her. Verärgert zündete sich Burger eine neue Zigarette an. Tagsüber war es im Radio gekommen: Im Morgengrauen hatte die Polizei die letzten besetzten Häuser in der Hafenstraße räumen lassen. Burger blickte nach hinten, nach vorn. Ein anderer Fahrer hatte die gleiche Idee, wollte schnell noch wenden. Aber es war zu spät. Die Menschenmenge ließ ihm keinen Platz mehr.

«Leute, demonstriert schneller», knurrte Burger und trommelte auf dem Lenkrad herum. Der Käse stank bestialisch.

Polizisten rahmten den Demonstrationszug

ein. Blutjunge Leute, hoch gerüstet. Sie trugen Helm, Lederjacke, Schlagstock und Drillichhosen. Die Turnschuhe stammten wohl aus privaten Beständen. Burger erblickte die unterschiedlichsten Modelle.

«Zickzack, Bullenpack!» tönte es aus dem Zug, dessen Spitze neben Burger angelangt war.

«Bullenpack! Bullenpack!» Die Polizisten blieben ruhig. Das haben wir früher alles viel zackiger gemacht, dachte Burger. Da war mehr Leben in der Bude. Nun mal los, Jungs, ihr seid doch völlig im Recht. Die nehmen euch die letzten Wohnungen weg, und ihr trabt hier rum wie beim Volkslauf.

In Sichtweite von Burger befand sich eine Gruppe von vielleicht zwanzig Personen, Männern und Frauen. Alle waren in Schwarz gekleidet, sie trugen Tücher über Mund und Nasen oder Teufelsmützen, die nur die Augen freiließen. Sie grölten, pufften sich gegenseitig an. Dann flog aus dem Schutz der Gruppe ein Farbbeutel gegen das Kriegerdenkmal. Der Beutel zerplatzte am Beton, grüne Farbe spritzte nach allen Seiten. Die Demonstranten klatschten.

«Wir hätten das Ding damals wegsprengen sollen», dachte er. Doch ihnen hatte der Mut gefehlt – und das Dynamit.

«Na immerhin», murmelte Burger und grinste.

Ein zweiter Farbbeutel flog, verfehlte das Denkmal. Und dann setzten sich die Polizisten in Bewegung. Die Demonstranten wichen den anstürmenden Männern aus, der gesamte Demonstrationszug schwappte wie eine Welle auf die Straßenseite, auf der Burger im Stau steckte. Menschen schrien, weitere Farbbeutel flogen. Dann schlugen die Polizisten mit ihren Knüppeln zu. Schmerzensschreie, Autohupen, immer mehr Schreie, immer mehr Hupen, und in Burgers Wagen stank es unerträglich. Eine junge Frau – in den Augen Panik – wollte mit ihrer Kinderkarre schnell vor dem Tumult flüchten. Als die Karre dabei den 190 E vor Burger leicht touchierte, hechtete der Fahrer aus dem Auto, packte die Frau am Arm und keifte sie an, wobei er immer wieder auf eine Stelle an seinem Wagen deutete. Das Kind in der Karre weinte, der Autofahrer drohte, die Frau gab ihm lautstark Kontra, um sie herum Gewühl, fliehende, verfolgende Menschen. Zwei-, dreimal flog noch ein Farbbeutel, klatschte zwischen die anstürmenden Polizisten, die wutentbrannt von hinten gegen ihre prügelnden Kollegen drängten und die vorderen Reihen von Polizisten und Demonstranten dicht zusammenpreßten. Die Musik im Autoradio brach ab.

«Hier meldet sich das Verkehrsstudio! Hamburg. Von der Moorweide bewegt sich ein Demonstrationszug über Dammtorstraße und Gänsemarkt Richtung Innenstadt. Mit Verkehrsbehinderungen ist zu rechnen. Die Polizei empfiehlt ortskundigen Autofahrern, den Bereich weiträumig zu umfahren. Aus Schleswig-Holstein und Niedersachsen liegen keine Meldungen vor. Es ist siebzehn Uhr zwei.»

«Ich hab's immer gesagt», knurrte Burger. «Das ist der Vorteil, wenn man draußen wohnt in Sasel oder Lemsahn: mehr Grün, weniger Staus.»

Plötzlich wurde Burger nach rechts geworfen. Ein Menschenpulk war gegen seinen Wagen gestoßen, zwei Männer lagen halb auf der Kühlerhaube. Die Straßen voller Angst, Weinen und Schreien der Wut. Es war dämmrig, leichter Nieselregen setzte ein. Burger begann hochzurechnen. Jetzt ist es fünf nach fünf. Bis halb sechs hängst du hier ganz bestimmt fest, um halb sieben bist du zu Hause, Inge stinksauer. Wie ich sie kenne, ist nichts vorbereitet. Hektik, Hektik, genau das, was du unbedingt vermeiden wolltest. Etwas klatschte gegen die Windschutzscheibe, und Burger saß im Dunkeln. «Verflucht!» Er sprang aus dem Wagen, um den Idioten zu greifen, der den Farbbeutel gegen seinen Wagen geschleudert hatte. Burger bekam die Tür nur mit Mühe auf, stieß sie einem Polizisten ins Kreuz, der dadurch nach vorne gestoßen und von einem schwarzen Ledermann sofort in den Schwitzkasten genommen wurde. Andere zogen den Polizisten aus der Reihe seiner Kollegen und vermöbelten ihn innerhalb der eigenen Linien. Andere Polizisten wollten ihrem Kollegen zu Hilfe eilen und schlugen nun vollends enthemmt mit Knüppeln und Schilden. Burger, der sich mit wilden Augen umblickte, erhielt einen Schlag auf die Schulter, federte herum, wollte zurückschlagen und stand einem lachenden Mann gegenüber.

«Eh, was soll das?»

«Fun, Alter», sagte der, wischte sich Blut von den Lippen.

«Förster», sagte Burger verdutzt. «Jochen Förster.»

«Hast dich verlaufen, was?»

«Da steht mein Wagen. Aber wie siehst du eigentlich aus? Immer noch die alten Sponti-Spielchen drauf?» fragte Burger.

Das Zentrum der Schlägereien entfernte sich

von ihnen, die Männer gerieten hinter die Linien der Kämpfenden. Sie konnten sich ohne Schreien verständigen. Burger war es nicht recht, daß Jochen einen Blick in den Wagen warf. «So habe ich mir das immer vorgestellt, Burger. Fachschaftsrat, ASTA, Büchertisch, Flugblätter, Held aller Volksversammlungen. Und was bleibt, am Ende? Ein ermordeter Hummer und ein paar Flaschen Schampus. Sauber, Burger. Bist wohl Vertreter für solches Zeug?» Förster lachte und wischte den neuen Blutfaden fort. «Gar nicht mal so falsch», sagte Burger. «Ich bin Product-Manager Fast food. Das da», er deutete auf die Fressalien, «ist für die Einweihungsfete heute abend.»

Förster blickte ihn fragend an.

«Bin gerade umgezogen.» Burger sagte das fast entschuldigend. Förster lachte schallend. Er war so sehr mit Lachen beschäftigt, daß er die Polizisten erst bemerkte, als zwei von ihnen Burger und zwei ihn selbst an den Oberarmen packten, die Arme auf den Rücken drehten und sie beide mit dem Oberkörper gegen zwei Autos drückten.

Burger war auf Schläge eingestellt, aber die Polizisten schleppten sie ungefähr zwanzig Meter Richtung Eplanade, wo eine lange Reihe von

Mannschaftswagen und Streifenwagen geparkt war, und stießen sie in je einen Wagen hinein.

«'n Abend», sagte der Mann in Zivil. Er saß auf der anderen Seite des kleinen Tisches. Burger brachte seinen Mantel in Ordnung. Seine Nerven flatterten, aber noch größer als die Aufregung war seine Empörung.

«Sie!» rief er. «Ich will sofort aus dieser Wanne raus. Ich lasse mich nicht...»

«Die Papiere», sagte der Polizist. Er sagte es weder aggressiv noch freundlich. Die Worte kamen einfach aus ihm heraus.

«Wieso?» rief Burger. «Ich sehe gar nicht ein, warum...»

«Ich bin nicht die Auskunftei, aber in diesem Land besteht Ausweispflicht.»

«Ja, ja», murmelte Burger und zog den Personalausweis aus dem Jackett.

Der Polizist schlug den Ausweis auf, verglich Bild und Gegenüber, nahm den Telefonhörer ab, wählte eine kurze Nummer und gab Namen und Nummer von Burgers Ausweis durch. Dann hörte er zu.

«Ach, nee», sagte er zwischendurch. Er sah Burger an, lächelte und sagte noch einmal: «Ach, nee.» Dann legte er auf.

«Burger forderte seinen Ausweis zurück.»

«Wir wollen doch nicht den letzten Schritt vor dem ersten machen», sagte der Beamte mit einer Ruhe, die Burger zusätzlich provozierte. «Herr Burger, heute morgen werden die letzten Nester in der Hafenstraße ausgeräuchert, heute nachmittag wird dagegen demonstriert, und wen treffen wir da nach langer Zeit mal wieder? Lutz Burger.»

«Ich habe nicht demonstriert, ich bin mit dem Wagen in den Stau...»

«...Lutz Burger, seinerzeit prominenter Campus-Platzhirsch, linker Rand, zeitweise sehr links, so links, daß noch weiter links nur die Wand kommt.»

«Woher...?»

«Wir kennen Sie von früher. Sie haben Ende der siebziger Jahre insgesamt vier Demonstrationen angemeldet.»

«Das war mein gutes Recht.»

«Wir sind ja auch ein Rechtsstaat. Ihr Name hat einen ganzen Aktenordner voller Flugblätter geziert, seinerzeit.»

«Hören Sie, woher wissen Sie...?»

«Sie sind zu einer Zeit aufgetreten, als sich bei uns die Spreu vom Weizen gesondert hat.»

«Verstehe ich nicht», sagte Burger.

«Damals hatte der Spaß so langsam ein Ende.

Damals rutschten die flottesten Aktivisten ab, ins Bodenlose, dort, wo unter den Flugblättern kein Name mehr steht, sondern die Kalaschnikow im Stern. Und das heißt dann auch nicht mehr Flugblatt, das heißt Bekennerschreiben. Wir haben da…»

«Sie haben doch, Entschuldigung, aber Sie haben doch nicht mehr alle Tassen im Schrank.»

Der Mann blickte ihn an. Er hatte keinerlei Ausdruck im Gesicht. «Vom harten Kern kennen wir die Namen», sagte er. «Vom Unterstützerfeld sind wir für jede neue Adresse dankbar. So gesehen: Vielen Dank, Herr Burger. Gute Heimfahrt. Man sieht sich.»

Der Mann beugte sich zur Seite und öffnete die Wagentür. Burger starrte ihn an. «Ich kann gehen?»

«Vergessen Sie Ihren Ausweis nicht. Falls Sie mal wieder in eine Kontrolle geraten sollten.» Der Beamte wirkte jetzt fast gelangweilt.

Burger steckte den Ausweis ein, stieg aus. Draußen begann er plötzlich zu zittern. Über diese ungehemmte Datensammelwut der Staatsorgane wollte er sich sofort am Montag schlaumachen.

Angeekelt wischte Burger die Farbe vom Autofenster und fuhr weiter.

Inge flog ihm an den Hals. «Lutziputz, was ist mit unserem Auto passiert? Und wie sieht dein Mantel aus?»

«Demo», sagte Burger. «Demo am Dammtor.»

«Ach, wegen der Chaoten», rief Inge.

«Scheißhandwerker», murmelte Burger und sah unlustig an der Fassade des neuen Hauses empor, das immer noch bis zum Dach eingerüstet war. «Laß dir von einem Handwerker einen Termin geben und glaube dran!»

«Ach, Lutziputz», säuselte Inge und schmiegte sich an ihn. «Hauptsache, wir konnten einziehen. Und den Krempel auf dem Rasen, den wollen sie nächste Woche abholen. Ganz bestimmt.»

Burger blickte auf den Baumüllcontainer, die Bretter und leeren Farbeimer.

«Und sie sollen auch nicht vergessen, diesen Schrott da hinterm Haus mitzunehmen», sagte er.

Hinten besaß das Grundstück einen relativ kleinen Garten, an den sich eine kaum befahrene Straße, mehr ein Weg, anschloß. Dahinter lag dann schon der Isebek-Kanal.

«Lutziputz, du hast aber auch den halben Laden leergekauft.» Inge, Diplompsychologin und seit vier Jahren Frau Burger, sah zu, wie sich ihr Mann in den Wagen beugte und mit vier Tüten wieder hervorkam. Er holte auch noch den Champagner, brachte alles in die Küche. Dann stand er im Wohnzimmer: «Wie sieht's denn hier aus?» rief er. «Du bist ja keinen Fatz weitergekommen.»

«Ich weiß gar nicht mehr, wo mir der Kopf steht», rief Inge und bewegte zum Zeichen, wie flatterig sie sich fühlte, alle zehn Finger. Meistens liebte Burger diesen Ausdruck von Kleinmädchenverhalten. Meistens. «Ich gehe jetzt ins Badezimmer», sagte Inge. «Meinst du, daß Silberlamé das richtige für heute abend ist?»

«Wenn du gegen meine Eleganz nicht hoffnungslos zurückbleiben willst, zieh es an», sagte Burger, bekam einen Kuß.

«Ob alle kommen?» fragte Inge.

«Todsicher. Das lassen die sich nicht entgehen. Wir stehen heute abend auf dem Prüfstand, meine Liebe. Und deshalb solltest du vielleicht nach dem zweiten Glas Wein auf Schorle umsteigen.»

Inge neigte, wenn sie ein wenig beschwipst war, dazu, männerfeindliche Witze zu erzählen. Vor allem jedoch wurde sie laut. Burger brachte mit ein paar Griffen das Wohnzimmer in Ordnung. Tiefe Zufriedenheit durchfloß ihn. Das Haus war ein sagenhaft günstiges Schnäppchen gewesen, für 650000 Mark eine absolute Okkasion. Sie hatten alles reingebuttert: beide Bausparverträge; ihre Lebensversicherungen; Inges Eltern hatten sich nicht lumpen lassen, und auch Burgers Mutter hatte plötzlich ein Sparbuch über 40000 Mark in der Hand gehalten, von dessen Existenz Burger nichts gewußt hatte. Er liebte seine Mutter.

Sie hatten vierzehn Personen eingeladen, zehn gingen auf das Konto von Lutz, Inges Psychologen waren die Kröten, die er schlucken mußte. Dr. Nadel und Gattin (die sogenannte Sicherheits-Nadel), Burgers Chef; Dr. Spiegel und Frau, Burgers ehemaliger Fortbildungsleiter und Förderer; Götz Meier-Pfanne und Lebensgefährtin, Geschäftsführer der Werbeagentur S&S&S, die Burgers Marktsegment betreute; Petersen, Controlleur und alter Studienkollege von Burger; Ortwin Tiga, eine der bekanntesten Stimmen aus dem öffentlich-rechtlichen Hörfunk, der Burger einst als freien Hörfunkmitarbeiter lanciert hatte; Rita Bock-Holz, Burgers Architektin mit ihrem jugendlichen Liebhaber. Schulenburg hatten sie nicht eingeladen. Schulenburg leitete den Bereich Slow Food, wie das firmeninterne Kürzel für Vollwertnahrung lautete. Er stammte aus großbürgerlichen Verhältnissen und besaß eine Lockerheit in Besprechungen und bei gesellschaftlichen Anlässen, um die ihn Burger aggressiv beneidete. Obwohl Schulenburgs Abteilung im ganzen Haus als undisziplinierter Haufen galt, war Schulenburg der Liebling aller Herren der Führungsetage. Er bewegte sich mit Charme und Unverfrorenheit auf den Feldern Segeln, Tennis, Wetter und Mode. Schulenburg verstand es, ins Gespräch nebenbei herzliche Grüße von einem wichtigen Mann aus der Betriebsabrechnung einfließen zu lassen, mit dem er, Schulenburg, am Abend vorher Squash gespielt hatte. Nein, Schulenburg, seine Anekdoten, sein Lächeln, seinen Charme wollte sich Burger nicht antun, nicht heute abend. Heute sollten die Weichen gestellt werden. Für ihn. «Ach Mausezahn», sagte Burger und drückte Inge an sich. «Heute abend müssen wir sie fangen. Heute setze ich die Nasen aufs richtige Gleis.»

«Ich muß jetzt endlich ins Badezimmer», rief Inge. Burger stand noch lange vor dem kalten Buffet, korrigierte hier etwas und dort etwas, verringerte vor allem die Zahl der Kerzenhalter von vier auf zwei.

Natürlich blieb Inge wieder viel zu lange im Badezimmer. Burger mußte an die Tür trommeln, bevor sie am Waschbecken einen halben Meter zur Seite rückte. Staunend verfolgte er, wie sie sich verwandelte. «Eigentlich bin ich Bigamist», flüsterte er ihr verliebt zu. «Ich bin mit einer Inge verheiratet, die im Beruf ihren Mann steht; mit einer Inge, die nach Feierabend das Weibchen spielt; und mit einer Inge, die eine Gesellschaft zu geben versteht.»

«Du hast es eben gut getroffen», sagte Inge. «Was wärst du ohne mich, hast du dir das mal überlegt?» Burger hatte, aber jetzt war nicht Zeit noch Gelegenheit, dieses Thema zu vertiefen.

Die letzte halbe Stunde vorher war die schlimmste. Fahrig überprüfte Burger die Getränke im Kühlschrank, tigerte durch den Wohnraum und fand zum Schluß doch noch etwas. Er hängte Jacken und Mäntel von der Garderobe und warf sie im ersten Stock auf die Betten. Er blätterte noch einmal die Schallplatten durch, überwand eine momentane Zögerlichkeit. Immerhin war er der Gastgeber, sie sollten es nur wagen, gegen den verjazzten Rock anzumosern. Man muß zu seiner Vergangenheit stehen – und wenn es auch nur die Musik ist. Er stand vor dem Spiegel im Flur und dachte an vorhin: an die Demonstration, die Schlägereien, an Förster. Zum Schluß dachte er an den Anlaß der Demonstration. «Schlaf nicht ein im Badezimmer!» rief er.

«Was bist du denn so gereizt, Lutziputz?»

Natürlich war Petersen wieder der erste. Petersen war immer der erste. Burger plazierte den Studienkollegen auf das Sofa und ernannte ihn zum Plattenwart. Das war was für Petersen. Er übernahm gerne Verantwortung, die nach wunder was aussah und im Kern Pipifax war. Burgers setzten sich zu ihm und quälte sich durch diverse Themen von erlesener Nebensächlichkeit. Burger wollte sein Themenpulver trocken halten und es nicht an Subalterne verschwenden. Zwanzig Uhr fünfundzwanzig, und außer Petersen war niemand gekommen. Sie stellten Petersen ans kalte Buffet und erlaubten ihm, eine Winzigkeit zu essen. Burger klemmte einen Finger hinter die Fliege, das half. Innerhalb von zehn Minuten schlug der Dreiklang pausenlos an. Burger wurde den Verdacht nicht los, daß sich alle Gäste in einer Kneipe in der Nähe getroffen hatten, um sich Mut anzutrinken. Seine Frau bekam Blumensträuße und Begrüßungsgeschenke in die Hände gedrückt. Inges enthusiastische Begeisterung über jedes Geschenk tat den Schenkern in der Seele wohl. Er selbst brauchte länger, bis er eine gewisse Steifheit im Auftreten verlor. Nach einer kurzen Hausbesichtigung bat er dann ans kalte Buffet.

Höflich und routiniert drängelte man sich um die Köstlichkeiten, Inge gab Tips im Bereich von Lebensmitteln und Servietten, Burger pendelte zwischen Küche und Wohnraum, Getränke heranschaffend. Öffnen mußte er sie nicht selbst. Dr. Spiegel war ein leidenschaftlicher Flaschenöffner, begleitete seine Aktivitäten mit albernen Bemerkungen der Marke: «Wenn mich der Betrieb mal nicht mehr braucht, kann ich ja als Flaschenöffner gehen.»

Plopp machte der erste Korken.

Leider trank er danach die ersten drei Gläser viel zu schnell, und es hätte gar nicht des unnachahmlichen Blicks von Dr. Nadel über den Rand seiner Brille bedurft, um zu bemerken, was alle wußten: Spiegel war eine Schnapsdrossel, ein – wenn auch in der Regel zu kalkulierendes – Risiko jeder Geselligkeit. Der erste Hunger kostete das Buffet schon eine Vielzahl von Lekkerbissen. Und wie zwanglos sich die Kleingruppen fanden! Niemand saß einsam herum, überall brandete Gelächter los.

«Läuft doch gut», flüsterte Inge ihrem Gatten zu und drückte ihm im Vorbeigehen einen Kuß auf die heiße Wange.

Doch dann mußte Burger in die Prüfung.

«Respekt, Respekt, mein Lieber», sagte Dr. Nadel, routiniert Teller und Glas in einer Hand wiegend.

«Bei solchen Gästen ist es ein Selbstgänger», entgegnete Burger seinem Vorgesetzten und ärgerte sich, daß er schlucken mußte.

Nadel blickte sich um.

«Wo lassen Sie kaufen?» fragte er launig. «Nach so einer Hütte suchen Elsbeth und ich seit Jahren, ist es nicht so, mein Liebes?»

Elsbeth Nadel löste sich aus einer Dreierrunde und trat zu Ehemann und Burger.

«Ich gratuliere Ihnen. Es muß schön sein, wenn man sein Nest gefunden hat.»

«Es wurde Zeit, gnädige Frau», entgegnete Burger und war sich peinigend deutlich bewußt, daß Nadel ihn beobachtete.

«Das Haus ist ja nur die Hülle», sagte Nadel. «Mit Leben, Stil und Format muß es erst noch gefüllt werden.» Er ließ den Blick durch die Räume schweifen, Burger hielt die Runde für gewonnen. Inge besaß im innenarchitektonischen Bereich eine Geschmackssicherheit, die ihn anfangs verblüfft, später gereizt hatte. Heute beruhigte sie ihn ungemein.

«Sie haben's, was, mein Schatz?» sagte Dr. Nadel zu seiner Frau. «Der Raum strahlt das aus, was man nicht kaufen kann, lieber Lutz. Das spürt man sofort, da hilft kein Blenden.» Dann sah sich Nadel erneut um und sagte: «Ich vermisse Schulenburg. Kommt er noch?»

«Entschuldigen Sie mich», sagte Burger hastig. «Ich werde da drüben gebraucht.»

Zeit verging, Champagner und Rotwein flossen, man wurde vertrauter miteinander, und als Dr. Nadel kurz vor dreiundzwanzig Uhr die Anzugjacke auszog, nahm Burger vor Freude und Stolz seine Frau in den Arm. «Bitte kein fünftes Glas, ja?» flüsterte er ihr bei der Gelegenheit ins Ohr.

«Och Lutziputz» rief Inge schon einen Tick zu laut.

Plötzlich dröhnte es aus den Boxen: «Die gewalttätige Demonstration in der Hamburger Innenstadt fand gegen einundzwanzig Uhr ein blutiges Nachspiel. Militante Demonstranten, die dem Umfeld der Hafenstraße zugerechnet werden, lieferten sich mit der Polizei eine regelrechte Straßenschlacht, in deren Verlauf mehr als dreißig Polizisten verletzt...»

Burger eilte zu Petersen, drückte auf «Phono», ein beruhigendes Baß-Saxophon-Duett legte einen Tonteppich unter die Gespräche der Gäste.

«Na, nun wird bald Ruhe sein», bemerkte Dr. Nadel. «Das waren ja wohl die letzten Wohnungen, die sie geräumt haben.»

Einer der Psychologen fand Widerworte, nervös verfolgte Burger, wie sich ein engagiertes Streitgespräch entspann.

«Hast du deine Kadetten nicht instruiert?» zischte er Inge zu. Die konnte jedoch nicht antworten, weil sie gerade über irgend etwas ungeheuer laut und lange kichern mußte. Sie fand gerade noch Zeit «klingeling» zu sagen, dann brach sie wieder in Lachen aus. Mißmutig stiefelte Burger zur Tür.

Er riß sie mit Schwung auf und sagte gleichzeitig: «Wir sind vollzählig.»

«Glaube ich nicht», sagte Jochen Förster: «Wir kommen ja erst jetzt.»

Burger bekam den Tunnelblick. Er sah nicht den Zaun und auch nicht den Müllcontainer im Garten. Seine Augen hingen an Förster und den anderen. Förster war mit Abstand der älteste. Die anderen waren um die zwanzig; zwei oder drei waren deutlich jünger. Alle waren in

Schwarz gekleidet, fast alle in Leder. Sie sahen abgekämpft und zerschlagen aus. Aber auch angriffslustig.

«Wir wollen ein bißchen mitfeiern», sagte Jochen Förster und wies auf die Runde. «Wir bringen mordsmäßigen Hunger mit, anständige Manieren und eine tolle Stimmung. Auf Hamburgs Straßen tobt das pralle Menschenleben. Wir haben dem jungen Eigenheimbesitzer auch ein Geschenk mitgebracht.» Förster winkte einen der jungen Männer heran. Er drückte Burger unter dem Gejohle der anderen einen Pflasterstein in die Hand. «Ist vielfältig zu verwenden, Alter. Als Argument beim nächsten Bankbesuch oder als Achtundsechziger-Mahnmal oder als Fundament für den Terrassenfreisitz.»

Viele Hände schlugen ihm freundlich provozierend auf die Schultern, während sie an ihm vorbei ins Haus drängten. Burger blickte das Geschenk an – es war ein Pflasterstein für die zukünftige Terrasse.

Burger blieb wie gelähmt im Flur stehen, den Stein im Arm. Er blickte in den Spiegel und hörte, daß plötzlich das Geräusch der Gespräche abbrach. Wenige Sekunden später dann auch die Musik.

Geh hin. Du mußt retten, was zu retten ist.

Als er die Tür zum Wohnzimmer erreichte, standen sie sich wie zwei Heere gegenüber. Die Gäste, die bis eben noch locker über alle fünfundfünfzig Quadratmeter verteilt gewesen waren, standen nun auf insgesamt nicht mehr als drei mal drei Metern. Förster und die fünf anderen standen an der Tür.

«'n Abend, Herrschaften», rief Förster. «Keine Panik! Weiterfeiern. Heh, Meister!» rief er Petersen zu. «Mach Power, musikmäßig! Aber etwas plötzlich.»

«Guck mal da!» rief ein Mädchen und stürmte ans Buffet. Die anderen folgten ihr, die Gäste rückten vom Buffet fort. Förster ging zu Petersen, der hilfesuchend zu Burger blickte. Er schob den Plattenwart einfach zur Seite, wollte in den Schallplatten wühlen, stutzte, rief dann: «Was stinkt denn hier so nach eingeschlafenen Füßen?»

Alle Schwarzgekleideten schnüffelten auffällig.

«Pfui», sagte Förster mißbilligend zu Burger. «Ich denke, du hast Lebensart mittlerweile. Dann könnten deine Spezis aber wenigstens ein paar frische Strümpfe anziehen. Pfui Deibel, nein!» Jemand hielt den auf der Gabel gespießten Käse hoch. Inge kam zu ihrem Gatten, hakte sich bei ihm unter. Förster legte eine Schallplatte auf. Burger hielt sich an der Rückenlehne des Freischwingers fest.

«Weißt du noch?» rief ihm Förster zu und schnippte mit beiden Händen den Takt von «Ton, Steine, Scherben» mit. «Wo kommt die Platte her?» flüsterte Burger seiner Frau zu. «Aber Lutziputz», rief sie, «das ist doch dei...»

«Die sollte längst weggeworfen sein, die Platte», knurrte Burger und verfolgte mit vor Wut wäßrigen Augen, wie Dr. Nadel zu den sechs Schwarzgekleideten trat, die sich am Buffet gütlich taten.

«Meine Damen und Herren...», begann Dr. Nadel. «Sie haben Ihren Spaß gehabt.»

Das ist deine Aufgabe, durchschoß es Burger. Laß dir nicht das Heft aus der Hand nehmen.

Er schüttelte Inge ab, die schwer an seinem Arm hing, eilte zu Dr. Nadel und Förster.

«Was willst du?» blaffte Förster Dr. Nadel an. «Das ist doch Lutz, Flugblatt-Lutz, unser ABC-Lutz: ASTA, Burger, Chaos.» Förster lachte. Burger spürte ein leises Pochen an den Schläfen.

Und dann geschah, wovor Burger sich am meisten gefürchtet hatte. Dr. Nadel wandte sich an ihn: «Ja, lieber Lutz, mir will scheinen, als ob wir hier ein Prob...»

«Quatsch nicht so geschwollen, Meister», sagte eines der Mädchen und fummelte plötzlich mit einer Hummerschere vor Nadels Nase herum. Die Schwarzgewandeten kicherten. Inge eilte zu Burger, packte ihn am Arm.

«Was wollen diese Leute hier? Wie kommst du dazu, diese Leute einzuladen?» zischte sie so laut, daß alle es hören konnten.

«Hast es ihnen nicht verraten, was?» sagte Förster. «Sollte eine Überraschung sein.»

«Das klär' ich alles auf», flüsterte Burger mit belegter Stimme.

In diesem Moment ließ einer der Schwarzen ein Glas fallen. Es zerbrach. Inge schrie auf und trat auf den Jungen zu, der sich gebückt hatte, um die Scherben aufzuheben. «Du Drecksstück», rief Inge mit der Lautstärke, die Burger fürchtete. «Du willst uns alles kaputtmachen. Aber wir lassen uns nichts kaputtmachen. Nicht mehr. Und schon gar nicht von euch.» Sie wurde immer erregter, der Junge sammelte weiter Scherben auf, und während im Hintergrund Dr. Nadel unauffällig seine Jacke anzog, schrie sie den Jungen an: «Steh gefälligst auf, wenn ich mit dir rede, du Würstchen!»

Burger wollte noch hinzueilen, doch da trat Inge dem Jungen schon auf die Hand. Der Absatz ihres Schuhs war spitz, und die Hand des Jungen war voller Scherben.

Irgendwer stieß gegen den Plattenspieler, plötzlich herrschte völliges Schweigen. Alle starrten den Jungen an, wie er sich langsam erhob und in die Runde blickte. Dann öffnete er die zur Faust geballte Hand: Die Scherben schwammen in Blut! Eine Frau schrie, und wie auf Komando stürzten sich die beiden Ledermädchen auf Inge.

«Lutzi», konnte Inge noch rufen, dann rissen die Mädchen sie zu Boden. Während im Hintergrund Dr. Nadel und Frau Elsbeth, sich an der Wand entlangdrückend, dem Ausgang zustrebten, fing Burger einen Blick von Förster auf. Dann ging Burger auf die beiden Mädchen los, dann gingen Förster und die schwarzen Jungen auf Burger los. Flaschen und Gläser fielen um, zerbrachen, ein Mädchen prallte gegen einen der Psychologen, brachte ihn aus dem Gleichgewicht. Im Fallen riß er seine Begleiterin mit.

Dann brach die Terrassentür aus dem Rahmen.

Die Spezialisten des mobilen Einsatzkommandos der Polizei stürzten in den Raum, rollten über die mit Panzerwesten geschützten Schultern ab, waren sofort auf den Beinen, hielten Maschinenpistolen in den Händen.

«Keine Bewegung! Polizei!» tönte es durch ein Megaphon, dann stürzten sich die Polizisten auf Jochen Förster und seine Freunde. Als das kalte Buffet zusammenbrach, gab es ein Geräusch, als würde das Haus einstürzen.

«Das war's dann wohl», hörte er Dr. Nadel noch von der Tür her sagen, ehe ihm beim Anblick von Inges geschwollenem Gesicht schlecht wurde.

## Peter Mathews

# Engel, Freund und Helfer

Ich mag keine Polizisten. Es war Freitag, halb zwei Uhr nachts und ich auf dem Weg ins Bett. Die Straßen waren leer, aus dem Recorder dröhnte Laurie Anderson. *Zukunftsmusik*. Der Wagen kannte den Weg. Auf der Straße vor mir tauchte ein Typ mit rotgestreifter Weste auf und schwenkte eine rotblinkende Stoppkelle gegen den Takt der Musik. Ich mußte bremsen.

«Guten Abend. Verkehrskontrolle. Fahren Sie bitte dort auf den Parkplatz.» Unter der Weste trug der Mann eine grüne Uniform, an der Hüfte baumelte eine Schußwaffe.

Der Parkplatz war gesteckt voll Polizei. Die Fahrzeuge standen in einer Reihe, die Fahrer daneben. Die wenigsten saßen im Auto. Junge Bereitschaftspolizisten warteten mit Helm und Maschinenpistole hinterm Mannschaftswagen. Am Ende des Parkplatzes lauerten ein Streifenwagen und ein Kradfahrer. Ein Uniformierter klopfte an meinen Wagen. Ich kurbelte die Scheibe herunter. ‹*By the way, what kind of insurance do you have?*› fragte Laurie Anderson.

«Ihre Wagenpapiere und den Führerschein bitte.» Ich wühlte in meiner Handtasche. Die Papiere lagen im Handschuhfach. Er blickte auf das Führerscheinbild. Es nervte mich, wie lange er Foto und Original verglich. Zum Glück ersparte er mir seinen Kommentar. «Stellen Sie bitte den Motor und die Musik ab. Die Natur und die Anwohner – Sie verstehen?» Er deutete auf eine mickrige Pappel und das dunkle Mietshaus auf der anderen Straßenseite. Ich stellte den Motor ab, die Musik erstarb. Der Polizist verschwand mit meinen Papieren Richtung Mannschaftswagen. Ein älterer Kollege schlenderte wie beiläufig um meinen Wagen herum, besah sich Reifen, TÜV-Plakette und musterte mich aus den Augenwinkeln. Ich nahm ein Pfefferminz, das bei der Suche nach den Papieren aus der Tasche gefallen war, schob es in den Mund. Im Rückspiegel sah ich, daß der Beamte sich für die Rücklichter interessierte und meine Wimperntusche verschmiert war.

«Schalten Sie bitte das Fahrlicht ein.» Der Polizist ging am Wagen vorbei nach vorn. Ich drehte den Zündschlüssel, Musik dröhnte aus wiederden Boxen. Ein Griff, und der Recorder schwieg. Ich schaltete das Licht ein.

«Danke, und jetzt Fernlicht. – Danke.»

Der Mann ging um den Wagen herum.

«Bremsen Sie bitte einmal.»

Ich trat auf die Bremse.

«So – gut. Danke. Und jetzt bitte links blinken.» Ich tat es.

«Rechts bitte.»

Auch das.

Der Polizist umrundete erneut den Wagen. «Warndreieck und Verbandskasten haben Sie?» Ohne die Antwort abzuwarten, ging er nach hinten. Ich stieg aus und öffnete den Kofferraum. Es war kalt, nur so im Kleid.

Unter alten Putzlappen, einer leeren Flasche für Batteriewasser, einem halbvollen Benzinkanister und alten Schuhen, zwischen einem völlig durcheinandergeratenen Abschleppseil lagen Warndreieck, Wagenheber und Verbandskasten.

«Sehen Sie sich das bitte einmal an.»

Der Mann beugte sich zum rechten Kotflügel und besah sich eine Beule, die etwa 10 cm oberhalb des Rücklichts begann und in einer armlangen Schramme auslief.

«Wie ist das passiert?»

Der Beamte sah mich an.

«Keine Ahnung.»

Der Beamte sah mich immer noch an.

«Ehrlich.»

«So.» Genausogut hätte er *typisch* Frau sagen können.

«Also gestern war da noch nichts. Vielleicht ist mir da einer reingefahren.»

Ich hatte plötzlich ein schlechtes Gewissen. Hatte ich vorhin beim Ausparken den kleinen Zaun gestreift? *Ach Scheiß drauf, schließlich gehört der Wagen mir und nicht ihm.*

«Haben Sie eine Erklärung, wie der Schaden entstanden ist?»

«Nein», antwortete ich schnell.

«So.» Jetzt war es eine Feststellung. Der Polizist zog ein Notizbuch aus der Tasche, notierte etwas. Dann ging er zum Mannschaftswagen zurück. Mir wurde langsam kalt. Die Wagen vor mir wurden recht zügig abgefertigt, nur ein älterer Fahrer lamentierte herum. Ich ging zum VW-Bus, in dem drei Beamte saßen. Sie telefonierten, schrieben oder unterhielten sich. Ich klopfte an das Blech, die Beamten ließen sich nicht stören.

«Entschuldigen Sie bitte», ich sprach den Mann an, der mir am nächsten saß, «ich möchte nach Hause. Wäre es möglich, die Kontrolle etwas zu beschleunigen?»

Die Männer sahen mich an. Einer stieß einen leisen Pfiff aus. Der, der meine Papiere mitgenommen hatte, telefonierte gerade. Er nahm den Hörer vom Ohr und sagte:

«Schöne Frau, Sie werden sich noch etwas gedulden müssen.»

Für die *schöne Frau* hätte ich ihn würgen können. Die Männer machten weiter, als sei ich nicht mehr da. Ich wartete noch eine Weile und ging zu meinem Wagen. Der älterer Herr redete erregt auf mehrere Polizisten ein. Ein Beamter löste sich aus der Gruppe, ging mit einem Kollegen an mir vorbei und sagte: «Der Opa behauptet, man habe seinen Hund entführt und glaubt, wir müßten den suchen.»

Ich setzte mich in den Wagen, angelte ein Tuch vom Rücksitz. Es wärmte mich nicht. *Ob ich einfach losfuhr? Hinterher kann ich mich ja mit Blackout rausreden.* Die beiden jungen Sheriffs im Streifenwagen sahen aus, als wenn sie noch vor kurzem Angst vor der Dunkelheit gehabt hätten. Die würden schießen, wenn sie jemand erschreckte.

«So, Frau Strauch, dann wären wir soweit», sagte der Beamte, der meinen Wagen kontrolliert hatte.

«Na endlich.» Ich streckte die Hand nach den Papieren aus.

«Wenn Sie mir bitte Ihre Wagenschlüssel geben würden.»

Ich blickte auf eine geöffnete Hand.

«Was soll das?»

«Das kann ich Ihnen auch nicht sagen. Wir haben Anweisung bekommen, den Wagen zu untersuchen. Es dauert sicher nicht lange.»

Sofort brauste und kribbelte es mir in Kopf und Händen. *Das können Sie mit mir nicht machen.* Ich keifte den Mann an. «Das erlauben Sie sich doch nur, weil ich eine Frau bin.»

Der Polizist grinste, was mich nur wütender machte.

«Ich will den Einsatzleiter sprechen, ich laß mich doch nicht einfach festhalten.»

«Es ist sicher nur eine Formalität.»

«Ach was, spielen Sie hier nicht das Unschuldslamm. Bin ich verhaftet?»

«Nein. Wir möchten Sie nur bitten, noch etwas zu warten, damit sich die Kollegen Ihren Wagen ansehen können.»

«Kommt nicht in Frage.» Ich knallte die Wagentür zu und startete den Motor. Der Beamte versuchte die Tür zu öffnen. «Machen Sie bitte keinen Ärger und stellen Sie den Motor ab.» Der Tonfall des Mannes war nicht unfreundlich. Vor meinem Wagen tauchten aus dem Nichts grüne Männer mit Helm und großen Waffen auf. Sie lachten mich an. Ich schlug wütend auf das Lenkrad.

Die Polizisten warteten auf meine Reaktion.

Ich zog den Wagenschlüssel ab, griff meine Handtasche, stieg aus und schleuderte dem Wachmann den Schlüssel entgegen. Er winkte einige Männer in Zivil heran, die sich über meinen Wagen hermachten.

«Haben Sie getrunken?» Der Polizist stand dicht hinter mir.

«Typisch, wenn sich jemand über Ihre Frechheiten aufregt, muß frau gleich betrunken sein.» Ich drehte mich um und hauchte ihm ins Gesicht.

«Na, zufrieden?» Der Polizist wich einen Schritt zurück.

«Machen Sie mir meine Arbeit doch nicht schwer.»

«Ich habe Sie nicht darum gebeten. Ich bin müde und will ins Bett.»

«O ja», blökte einer der Bewaffneten im Hintergrund. Die anderen fanden den Scherz gelungen und grinsten.

«Würden Sie bitte mit zum Wagen kommen, mir scheint ein Alkoholtest nötig.» Der Polizist deutete auf den VW-Bus und legte mir die Hand auf den Arm.

«Fassen Sie mich nicht an», ich war wie elektrisiert.

«Aber, junge Frau, ich will doch nur nicht, daß Sie hinfallen und sich auf dem häßlichen Schotter verletzen.»

Der Beamte lächelte. Ich bekam es mit der Angst zu tun. Die drei Bereitschaftspolizisten, die hinter uns gingen, feixten. In diesem Moment bog ein heller Opel Rekord auf den Parkplatz, fuhr an uns vorbei zu dem Wagen, von dem aus der Einsatz geleitet wurde. Ich machte mich von dem hilfsbereiten Arm los. «Vielen Dank, aber ich gehe lieber allein.»

Im VW-Bus mußte ich wieder warten. Der Beamte, der die Röhrchen verwaltete, hatte gerade anderes zu tun. Ich saß allein in dem Bus.

Wenigstens war es hier hell und warm. Draußen herrschte einige Aufregung, deren Ursache ich nicht ausmachen konnte.

Es kratzte leise. Als sein Gesicht vor der Scheibe auftauchte, erkannte ich ihn sofort:

Engel. Er grinste wie früher, nur so im Mundwinkel.

«Engel.» Ich freute mich, wollte die Tür vom Bus aufdrücken. Engel lachte und öffnete die Tür von außen.

«Dora, was machst du denn hier?»

Ich fiel ihm um den Hals. Ich merkte erst jetzt, wie mich die ganze Situation mitnahm. Es tat gut, jemanden zu berühren, der nicht zu denen gehörte. Ich hatte Oliver Engel seit sechs Jahren nicht mehr gesehen. Wir waren in der gleichen Studentengruppe gewesen. Nach dem Studienabschluß hatte ich die Politik und Engel aus den Augen verloren. Äußerlich hatte er sich wenig verändert. Schwarze Lederjacke, Jeans. Etwas zugenommen hatte er, das blonde Haar war etwas kürzer, der Bart ab. Immerhin trug er noch den kleinen schwarzen Stern im Ohr, den ich ihm einmal geschenkt hatte.

«Daß du den noch hast.» Ich deutete auf den Ohrring.

«Alte Liebe rostet nicht. Laß dich ansehen.» Engel betrachtete mich von oben bis unten.

«Na, gefall ich dir?»

«Hast dich gut gehalten. Nur solltest du nachts nicht im Unterrock rumlaufen, du erkältest dich.»

«Blödmann. Meinst du, ich bin freiwillig hier? Die haben mich angehalten und bauen gerade mein Auto auseinander.»

«Paß bloß auf, daß sie hinterher nichts übrigbehalten.»

Wenn Engel lachte, zeigte er die Zähne.

«Ich möchte zu gern wissen, was das soll.»

«Du siehst bestimmt einer Terroristin ähnlich.»

«Red keinen Quatsch.» Ich sah zu den Leuten hinüber, die sich an meinem Wagen zu schaffen machten.

«Das ist doch Freiheitsberaubung.» Endlich war jemand da, mit dem ich meine Empörung teilen konnte.

«Nee, der Dienstweg. Sie haben dich zwar, wissen aber noch nicht, ob sie dich wollen.»

«Und darum nehmen die mein Auto auseinander?»

«Stell nicht so komplizierte Fragen.»

«Haben sie dich auch erwischt? Bei deiner Vergangenheit müßten im Computer doch alle Lampen blinken.»

Engels Zähne glänzten. «Aber, Dora, kennst du mich so schlecht? Engel erwischt man nicht. Auch nicht die Polizei. Engel ist immer ein bißchen schneller.»

Ich wußte, was er meinte. Engel war immer schneller gewesen. Beim Plakatkleben, beim Randalemachen, beim Lebensmittelbesorgen. Engel wurde nie erwischt. Geschnappt wurden andere, von Engel vorzugsweise Frauen. Bei mir hatte er es auch versucht, aber weiter als bis zu drei Litern Kaffee in der WG-Küche hatte er es nicht gebracht. Hinterher hatte er zwar was anderes erzählt, aber das war er seinem Ruf schuldig.

«Warte mal, ich kläre mal, was mit dir los ist.»

Engel ging auf den Beamten zu, der darauf achtete, daß sich niemand in die Büsche schlug. Engel redete mit ihm. Er deutete auf mich, der Beamte nickte. Engel kam zurück. «Komm, wir gehen einen Kaffee trinken. Da drüben ist ein Imbiß, der hat noch auf.»

«Wie? Das geht einfach so?» Ich sah den alten Freund ungläubig an.

Engel nickte. «Klar doch, Engel – dein Freund und Helfer.»

Ich hakte mich bei ihm unter, als wir an den Polizisten vorbeigingen. Noch immer winkten sie Autos von der Straße. Hundert Meter weiter leuchtete kaltes Neonlicht und verhieß Bier und Bulletten.

Eine Wolke aus den Dünsten von heißem Fett,

Kaffee und Zigaretten schlug uns in der Imbißbude entgegen. Hinter dem halbhohen Tresen räumte ein dicker Mann mit routinierten Bewegungen dreckiges Geschirr fort. In einer Ecke, zwischen einem Spielautomaten und der Toilettentür, hielt sich ein Betrunkener an der Ablage fest. Er wollte etwas sagen, aus seinem Mund kam nur ein Rülpser.

«Zwei Kaffee bitte.» Engel ging zum Imbißwirt, ich stellte mich an einen der Stehtische am Fenster.

«Möchten die Herrschaften auch was essen? Wir schließen gleich...»

Ich schüttelte den Kopf. Allein der Gedanke an das Fett, das in der Friteuse vor sich hindümpelte, verursachte bei mir Übelkeit. Engel brachte die Becher. Ich nahm einen Schluck, der Kaffee war entsetzlich bitter. Ich sah mich um. Der Wirt stellte eine Dose Kondensmilch auf den Tresen.

«Weißt du, was die von mir wollen?» Wenn Engel mir zu einem warmen Plätzchen verhelfen konnte, dann wußte er vielleicht auch das.

«Irgend etwas ist an deinem Wagen.» Engel sah mich prüfend an. «Da ist die Spurensicherung dran. Die wollen den Kratzer untersuchen.»

«Mit zehn Mann hoch eine Beule analysieren!»

Engel trank und sah nach dem Schluck vorwurfsvoll Richtung Wirt. Der redete auf den Betrunkenen ein.

«Heh, Meister.» Engel sprach laut. «Die Plörre ist lauwarm. Brüh mal einen anständigen Kaffee auf. Der hier schmeckt ja wie eingeschlafene Füße.» Der Wirt brummte und ging zum Wasserhahn.

«Gibt es jetzt schon eine Sonderkommission für Blechschäden?» fragte ich grinsend...

«Bist du sicher, daß sonst nichts ist?» Engel fragte das ganz unbeteiligt, während er den Wirt beobachtete, der an der Kaffeemaschine hantierte.

«Mir ist kalt.» Schließlich war es weit nach Mitternacht, und ich hatte kaum was an.

«O pardon. Daß ich daran nicht gedacht habe. Möchtest du meine Jacke?» Engel machte Anstalten, die Jacke auszuziehen.

«Tut nicht nötig.»

«Die ist aber schön warm.» Engel zog die Jacke aus und hängte sie mir über die Schulter. Sie war warm und schwer.

Ich mußte achtgeben, daß sie mir nicht von der Schulter rutschte.

«Na, steht dir doch prächtig.»

«Engel, was ist das?»

Da stand Engel vor mir, der Oberchaot der späten siebziger Jahre. Und was hatte der Typ um den Bauch geschnallt? Einen Ballermann.

«Eine Pistole, ist doch deutlich zu erkennen. Möchtest du mal sehen?» Engel machte Anstalten, die Pistole zu ziehen.

«Bist du wahnsinnig? Da drüben wimmelt es von Bullen.»

Engel sah hinaus. «Ich sehe nur Kollegen.»

Es dauerte etwas, bis ich begriff.

«Engel, ein Bulle.» Ich mußte lachen, denn das war zu grotesk. Das Halstuch vor dem Gesicht war sein Erkennungszeichen gewesen. Er hatte jeden einen Feigling genannt, der nicht wie er dabei war, wenn es Randale gab. Engel ein Polyp? Absurd.

«Nun beruhige dich.» Ihm war mein Heiterkeitsanfall peinlich. Der Imbißwirt hatte plötzlich etwas unter dem Tresen wegzuräumen, und der Betrunkene verschwand auf dem Klo.

«Ich bin der Alte geblieben.» Engel sagte das sehr leise.

«Wie bitte? Mach keine Witze. Ist dir das Polizist-Sein peinlich? Das hättest du dir früher überlegen sollen.» Ich lachte ihn aus.

«Lach nur, Dora, aber lach nicht über mich. Das kann ich nicht ab. Bevor du dich über mich lustig machst, faß dir an die eigene Nase.» Er drehte sich um. «Herr Wirt, wo bleibt mein Kaffee?»

Der Wirt war wieder aufgetaucht und sammelte Kaffeegeschirr zusammen.

«Dora Strauch, die wilde Dora, was ist von ihr geblieben? Hast einen bürgerlichen Job, bist bestochen worden von irgend so einer Zeitung, schreibst dort deine emanzipierte Scheiße. Neue Nachdenklichkeit oder wie nennst du das? Von deiner Aufsässigkeit gegen diesen Staat ist doch nur noch die Chuzpe geblieben, mit der du das Finanzamt bescheißt. Und wenn du ehrlich bist, dich selber.»

Engel betrieb Vorwärtsverteidigung.

«He, Engel, was soll das?» Mir wurde langsam warm. «Schämst du dich gar nicht, mit so einem Mordinstrument herumzulaufen? Die Polizei, der große Terrorapparat im Auftrag des Kapitals. Erinnerst du dich Engel? Das sind deine Worte.»

Der Wirt brachte den Kaffee, verzog sich schnell wieder hinter seinen Tresen.

«Und das soll nicht mehr wahr sein?»

Engel schwieg und sah aus dem Fenster. Ich

kam in Fahrt. «Verräter schleichen nachts durch die Straßen und haben in ihrer Wohnung alle Spiegel verhängt, damit sie ihre miese Fresse nicht ansehen müssen.»

«Mach halblang, schöne Frau.» Er baute sich vor mir auf. Er war über einen Kopf größer als ich. «Ich erreiche jetzt für die Sache mehr als früher.»

Die Tür ging auf, drei Polizisten betraten den Imbiß und verbreiteten Unruhe.

«Hallo, Engel, bist du im Dienst oder trägst du deinen Colt auch privat?»

Die Polizisten lachten.

«Soll ja Wirkung auf junge Damen haben.» Der Polizist buffte Engel gegen die Brust, dort wo sein Schulterhalfter hing.

«Laß mich in Ruhe, sonst schmeiß ich euch raus», fauchte Engel.

«Aye, aye, Sir.» Der Polizist salutierte lachend, die beiden anderen lachten auch und öffneten ihre Jacken. «Drei Kaffee Herr Wirt, und drei Bulletten.» Auch das fanden sie komisch.

So leicht wollte ich ihn aber nicht davonkommen lassen. «Wie sieht denn dein Beitrag aus? Jeden Monat fünf Mark anonym für die *Schwarze Hilfe?*»

«Wenn du unbedingt willst, klär ich dich

auf.» Engel redete merklich leiser, wandte seinen Kollegen den Rücken zu. «Ich werde es dir erklären, ich werde es dir auch beweisen.» Engel sah mich ernst an. Später wußte ich, daß dieser Moment die letzte Gelegenheit für einen friedlichen Ausgang unserer Begegnung gewesen wäre.

«Die Nacht ist sowieso versaut. Da kommt mir eine Lektion in Sachen verbeamteter Umsturz gerade recht.»

Engel beugte sich, die Ellenbogen auf den Tisch stützend, zu mir herüber. «Erinnerst du dich, wie wir damals in Brokdorf Dresche bezogen haben?»

«Das Knie tut mir heute noch weh, wenn ich daran denke. Die Typen haben mich einfach überrannt.»

«Damals hat es bei mir geklickt.» Engel sah mich lange an. «Wir haben uns verprügeln lassen, und die anderen haben zugesehen. Keiner hat uns geholfen, alle haben sich distanziert. Gewalt war nicht das Thema. Brokdorf sollte politisch verhindert werden. Daß ich nicht lache. Wir haben die Prügel kassiert, und die anderen haben gejault. Erreicht haben sie mit ihrem friedlichen Getue auch nichts.»

«Engel, wo lebst du? Seitdem sind Jahre vergangen, kaum einer ist noch für die Atomkraft. Das ist nur eine Frage der Zeit.»

«Papperlapapp, Brokdorf ist am Netz, kaum ein Atomkraftwerk ist abgestellt, und die Sozialdemokraten schicken die Polizei gegen Demonstranten. Und da sagst du, es wäre was passiert.»

«Moment mal, der Polizist hier bist du.»

«Was wollten wir? AKWs verhindern? Klar. Aber wir wollten genauso den Staat aus der Reserve locken. Er sollte seine liberale Maske fallenlassen und draufhauen, damit jeder merkt, wo es längsgeht. Wenn ein paar Scheiben klirrten, ein paar Bullen was abgekriegt haben, hatten wir unseren Spaß. Aber hat einer gemerkt, daß das hier ein Terrorstaat ist? Pustekuchen. Die Polizei wurde immer besser ausgerüstet. Jede Demo führte dazu, daß die Polizei mehr Leute, mehr Material, mehr Befugnisse bekam. Gleichzeitig wurde auf die Rückseite des Polizeihelms ein lachender Polizist gemalt. Der freundliche Bulle, der der Oma über die Straße hilft, auch wenn sie gar nicht will.»

«Und? Was soll das?»

«Die Polizei hat das Gewaltmonopol», Engel agitierte wie früher. So kannte ich ihn, berechnend und aggressiv. «Ob bei Demonstrationen mit Knüppel und Gas oder im Alltag, wenn sie den Leuten das geklaute Auto zurückbringt, was selten genug vorkommt. Wenn Polizisten Autos demolieren, mutwillig, wie in Wackersdorf oder Brokdorf, ist das staatserhaltend. Wenn du deinem Nachbarn die Antenne vom Auto abbrichst, bist du ein Sachbeschädiger. Wenn ein Polizist dir die Scheiben einschlägt, macht er das im Staatsauftrag. Es kommt also nicht darauf an, was einer tut, sondern wer es tut. Und wann. Das ist das Geheimnis.»

«Willst du mir hier nachts um zwei deine Theorien über den Staat erläutern? Dafür ist es ein wenig spät. Nicht nur heute nacht.» Mein Kaffee war alle.

«Ich will dir nur erklären, warum ich Polizist geworden bin.» Engel holte neuen Kaffee vom Tresen. Der Wirt hatte sich an den Anblick der Waffe gewöhnt. «Der Bürger verläßt sich auf die Polizei. Dafür zahlt er Steuern. Die Polizei sorgt dafür, daß niemand ungestraft mit einer Pistole in der Bank kassiert. Sie sorgt dafür, daß der widerliche Mann nebenan sich nicht ungestraft in deiner Wohnung einnistet. Die Polizei hindert aber niemanden daran, eine Bank zu gründen und die Leute auszunehmen.»

«Brecht, klar, alter Hut, Modell Klassenkampf. Hast du die letzten Jahre im Kühlschrank verbracht, oder auf Gomera?»

Engel ließ sich nicht beirren. «Alle Leute glauben, daß die Polizei hilft, wenn man in Not ist, und daß sie eingreift, wenn etwas Unrechtes passiert. Diese Meinung hindert viele daran, überhaupt zu versuchen, etwas offiziell Verbotenes zu tun. Die Angst vor der Polizei hält die Menschen davon ab, sich zu wehren.»

«Die Polizei als abschreckendes Beispiel. Du willst also die Polizei abschaffen. Viel Spaß. Engel, du bist nicht ganz klar im Kopf. Der Kaffee ist zu stark.»

«Falsch. Die Polizei muß bleiben. Sie muß weitermachen. Nur dann funktioniert mein Plan.»

«Und wie sieht dein Plan aus?»

«Ich habe mich einstellen lassen und versuche jetzt, Einfluß im Polizeiapparat zu bekommen. Inzwischen habe ich schon eine Stellung erreicht, in der ich Anweisungen und Befehle erteilen kann. Diese Position nutze ich.»

«Wozu? Um nachts unschuldige Bürger vom Schlaf abzuhalten?»

«Auch. Der Bürger muß den Glauben an die Polizei verlieren. Nicht die Organisation der Polizei wird zerstört, sondern ihr Ruf. Die Gesellschaft bekommt das Faustrecht zurück. Und damit wird der Glaube der Menschen an die Fiktion der Sicherheit und Gerechtigkeit zerstört.»

«Wie das?»

«Du kennst den Schwarzen Freitag?»

«Der war gestern. Ein furchtbarer Tag. Ich hatte nichts als Ärger. Und dann die blöde Fete bei Erich. Ich sag dir, der erzählt immer noch die gleichen Schoten wie vor zehn Jahren.»

«Lenk nicht ab. Ich meine den Zusammenbruch der New Yorker Börse 1929, den Beginn der Weltwirtschaftskrise.»

«Jawohl, Herr Lehrer.»

Er ließ nicht locker.

«Sieh mal, der Morgen graut.»

Engel ließ sich nicht ablenken.

«Damals mißtrauten die Leute dem Versprechen der Banken, daß sie jederzeit ihre Spareinlagen zurückbekommen können. Alle rannten zur Bank und wollten ihr Geld abheben. Was passierte? Die Banken hatten natürlich nicht genügend Bargeld vorrätig. Die Leute gerieten in Panik und verkauften alle Aktien, die Aktienkurse fielen ins Bodenlose. Der Wirtschaft wurde Geld – und ganz entscheidend: Vertrauen – entzogen. Für einen Moment war die

Fiktion des Geldes zerstört. Der Kapitalismus brach zusammen.»

«Aber die Polizei ist keine Bank und keine Börse. Das sind alles Beamte, und das Kapital hat sich prächtig erholt.»

«Nehmen wir mal dich.» In Engels Arme kam Bewegung. «Zum Beispiel der Fall Dora Strauch.»

«Fall, ich höre immer Fall. Ich bin kein Fall.»

«Warte ab. Also: In einer Verkehrskontrolle fällst du den Kollegen auf, weil an deinem Wagen eine frische Schramme ist, für die du keine Erklärung geben kannst. Übrigens, wo warst du gestern abend? Zwischen elf und eins?»

«Was geht dich das an?»

«Also kein Alibi.» Engel hatte sich wieder aufgerichtet und sprach in normaler Lautstärke. Er notierte etwas auf einer Serviette. «Ich verspreche dir, das reicht. Wenn die Rahmenbedingungen stimmen, bist du dran.»

«Moment mal.» Hier wurde irgend etwas angerührt, von dem ich die Zutaten nicht kannte.

«Wir haben einen ungeklärten Fall von Fahrerflucht, und wenn nötig weisen wir dir nach, daß du gestern abend jemand angefahren und dann Fahrerflucht begangen hast.»

«Was soll der Quatsch? Das wäre doch strafbar. Beweismittelfälschung oder so. Ich habe niemanden angefahren.» Ich wurde unsicher.

«Die Beweise kriegen wir und wenn nötig auch ein Geständnis, warte nur ab.» Engel lachte und zeigte seine Zähne. Ich fand das gar nicht lustig.

«Engel, du bist ein Schwein.»

«Ach Gott, bekommt es die gnädige Frau mit der Angst zu tun? Das tut mir aber leid. Ich will dir doch nur klarmachen, wie es laufen könnte. Du sollst das Vertrauen in die Polizei verlieren. Klappt doch schon ganz gut.»

«Und deshalb willst du mir etwas anhängen?»

«Dir doch nicht. Das war nur rein theoretisch, welche Möglichkeiten es gibt. Engel ist doch dein Freund und Helfer.» Er legte seine Hand auf meine Schulter. Ich wehrte sie ab, dabei rutschte die Lederjacke herunter.

«Da habe ich ja noch mal Glück gehabt», stellte ich fest.

«Und ich erst mal.» Engel streichelte mir über die Schulter er ließ die Hand etwas zu lange liegen. Der Kerl verunsicherte mich.

«Wieso?»

«Na, weil ich dich getroffen habe», säuselte

Engel. Sein Hand fuhr mir durchs Haar, er griff mir in den Nacken und sah mich an.

«Warum ist das gut für dich?» frage ich zurück. Jetzt fing er auch noch auf die Tour an.

«Na, wir könnten doch nachher gemeinsam frühstücken.» Engel massierte mir den Nacken, was ich eigentlich ganz gern mochte. Jetzt aber war es bedrohlich.

«Ich frühstücke allein.» Ich ging einen Schritt zur Seite, sein Arm blieb einen Moment in der Luft hängen, als würde er warten. «Ich dachte, die Angelegenheiten hätten wir schon vor Jahren geklärt. Und einen Beamtenbonus gibt es bei mir nicht.»

Engel starrte auf den Tisch, blickte mich nicht an. «Aber einen Gefallen kannst du mir tun.» Er blickte hoch.

«Und das wäre?»

«Es ist mir etwas peinlich.» Er blickte sich nach seinen Kollegen um. Sie lächelten, als Engel zu ihnen hinübersah. «Ich bin pleite. Ich komme nicht mehr zur Bank und brauche übers Wochenende dringend ein paar Mäuse. Kannst du mir was leihen?»

«Verdienen Beamte so wenig, daß sie nachts Zivilisten festhalten müssen, um sie anzupumpen?»

«Zwei-, dreihundert reichen. Kriegst sie nächste Woche wieder. Ich lade dich zum Essen ein.»

«Tut nicht nötig.» Ich kramte das Geld aus der Handtasche. Ich war gestern auf der Bank gewesen. So wurde ich Engel endlich los, wenn auch mit der Aussicht auf einen weiteren Abend mit ihm.

Engel nahm das Geld und klemmte die Scheine unter die Kaffeetasse. «Danke.» Er lächelte. Die Kollegen am Nebentisch wandten sich wieder ihrem Kaffee zu.

«Um auf die Beule an meinem Auto zurückzukommen. Ich bin vorhin wohl beim Ausparken an einem kleinen Zaun hängengeblieben. Daraus kannst du keine Staatsaffäre machen.»

«Wenn du willst, erklär ich dir, wie es weitergeht. Wir schieben dir Indizien unter, bis du selbst glaubst, den Unfall begangen zu haben. Du gestehst im vollen Bewußtsein deiner Unschuld, weil du annimmst, es sei besser für dich. Mein Ziel ist erreicht. Du bist von der Polizei kuriert. Ich garantiere dir, nach einer solchen Behandlung rufst du nie wieder die Polizei, auch wenn du sie nötig gebrauchen könntest.»

«Warum sollte ich darauf eingehen? Ich bringe das an die Öffentlichkeit. Presse.»

«Das würde ich dir nicht raten, denn in einem

solchen Fall übergeben wir die Akten dem Staatsanwalt, und vier Polizisten glaubt man mehr als einer hysterischen Frau.» Engel drehte sich zu seinen Kollegen um.

«Ich bin nicht hysterisch. Du bist verrückt.»

«Siehst du, es geht schon los.» Engel lachte. «Auf diese Art ist niemand mehr sicher, daß er unbesorgt die Polizei rufen kann. Denn wenn die Polizei kommt, geht die Sache erst richtig los.»

«Das ist Terror.»

«Nein, das ist gerecht. Hat der Staat Gewalt bisher nur gegen sogenannte Normverletzer angewandt, kommen jetzt andere Zeiten. In dieser Gesellschaft herrscht der Stärkere, das Wolfsgesetz. Die bisherige Polizeitaktik hat das nur verschleiert. Ich zerstöre die falschen Träume. Und die Sache hat noch einen Nebeneffekt. Die Leute besinnen sich wieder auf sich selbst. Regeln viel mehr untereinander, machen sich nicht mehr so abhängig vom Staat. Ist doch auch nicht schlecht.»

«Gibt es denn noch mehr von deiner Sorte bei der Polizei? Allein schaffst du das doch nicht.»

«Natürlich. Meinst du, ich bin ein Einzelkämpfer? Ich habe viele Helfer, aber nicht alle Kollegen machen das bewußt. Die glauben immer noch, daß sie mit dem, was sie tun, etwas für die Allgemeinheit tun. Vielen macht es nur deshalb soviel Spaß, draufzuschlagen, weil sie es im Namen des Staates tun. Privat sind das ganz friedliche Burschen.»

«Das heißt, was du machst, weiß keiner?»

«Ich habe meinen Ermessensspielraum.»

«Engel, das ist doch nicht dein Ernst. Du machst hier Terror und glaubst, damit die Gesellschaft zu verändern.»

«Offiziell jage ich Terroristen, das erfordert eben besondere Methoden. Mein Motto ist: Wer nicht denken will, muß fühlen. Die Leute müssen erst durchs Jammertal, bevor sie die Höhen der Erkenntnis erklimmen.»

Engel schaute auf die Uhr.

«Schon nach zwei. Genug geplaudert, die Pflicht ruft. Ich glaube, die sind mit der Untersuchung deines Wagens fertig.»

«Wieso?» Engel holte Münzen aus der Hosentasche. «Was hast du mit meinem Wagen zu tun?»

«Habe ich vergessen, dir das zu sagen?»

Ich war perplex. Ich ließ sogar zu, daß er für mich bezahlte. «Dann hoffe ich, daß sich jetzt alles ganz schnell klärt.»

«Darf ich mal?» Ich gab ihm die Jacke. Er

holte ein Kuvert heraus, steckte die Hundertmarkscheine hinein, nicht, ohne sie vorher seinen Kollegen gezeigt zu haben.

Wir gingen hinaus. Draußen lief der alte Mann auf und ab und rief den Namen seines Hundes.

«Wie lange bist du eigentlich schon bei der Polizei?»

«Warum fragst du?»

«Mir kommt da gerade so ein Gedanke. Kann es sein, daß du schon damals, als wir so richtig aktiv waren, daß du auch damals schon ein Bulle warst?»

Engel ging die Straße hinab.

«Engel, sag, warst du damals bei der Polizei?»

«Wie kommst du denn darauf?»

«Dann würde es nämlich passen, daß du nie erwischt wurdest. Kann es nicht sein, daß Engel immer wußte, wann die Polizei kommt?»

Wir überquerten die Straße.

«Jetzt wird mir alles klar», ich pflanzte mich vor ihm auf. «Du erzählst mir hier Märchen aus tausendundeiner Nacht, nur weil du nicht willst, daß alle erfahren, daß du schon immer ein Bulle warst.» Engel hielt mich fest, ein Wagen raste vorbei. Ich riß mich los.

«Du bist es gewesen, der die anderen ans Messer geliefert hat, du mieser kleiner Schnüffler. Und mir die dicken Stories verkaufen wollen! Ich glaube, es geht los.»

Engel packte mich am Arm, zog mich zum Parkplatz.

«Ich laß mich von Bullen nicht anfassen.» Wütend schleuderte ich meine Schulter zur Seit, wäre beinahe hingefallen.

Engel ging zum VW-Bus, öffnete die Tür und sagte zu mir: «Setz dich da rein.» Dann ging er zu dem Beamten, der in der Nähe wartete. Gleich darauf kam er mit dem Mann zurück. Der Beamte setzte sich mir gegenüber. Engel blätterte in einer Mappe.

«So, Frau Strauch, nun zum Offiziellen. Die Kollegen von der Verkehrspolizei vermuten, daß die Beule an ihrem Wagen mit einem Unfall heute nacht zu tun hat.»

«Was für ein Unfall?» Meine Sinne standen auf Alarm. Wollte Engel mir doch etwas anhängen?

«Heute nacht ist in der Innenstadt eine junge Frau angefahren worden. Sie wurde schwer verletzt. Der Unfallwagen, ein Auto gleicher Marke wie deiner, wurde am Unfallort gesehen. Du bist erste Kandidatin für die Tat. Die Spuren an dem Wagen geben das her. Du hast kein Alibi für die

Tatzeit. Und es gibt einen Zeugen, der Autotyp und Farbe bestätigt.»

«Und was hindert dich daran, mich festzunehmen?»

«Tja, wie das Leben so spielt. Der Unfallfahrer hat sich gemeldet. Den hat das Gewissen gebissen, und er hat sich auf der nächsten Wache gestellt.»

«Na, wie schön für mich. Bekomme ich jetzt endlich meine Papiere zurück? Ich will nach Hause.»

«Behalte noch einen Moment Platz, wir sind noch nicht ganz fertig miteinander. Als wir deinen Wagen untersucht haben, haben die Kollegen ein paar interessante Dinge entdeckt.»

«Da bin ich aber mal gespannt.»

«Eine Bombe.»

«Was? Bei mir im Auto?»

«In deinem Wagen befinden sich die kompletten Teile zur Herstellung einer Brandflasche, besser bekannt unter dem Namen Molotow-Cocktail.»

«Du erzählst Märchen.»

«Im Kofferraum des Wagens befanden sich eine leere Glasflasche, zirka 7 Liter Kfz-Treibstoff, Putzlappen, geeignet als Lunte. Was sagst du jetzt?» Ich lachte, das war doch zu blöd.

«Du hast was vergessen!» Ich holte meine Handtasche hervor und griff hinein.

«Was denn? Du hast hoffentlich gemerkt, daß das hier kein Spaß ist.»

«Du hast was vergessen», rief ich. Ich hielt den Lippenstift in der Hand. «Hier: ein Gerät zur Vermummung.»

Ich zog mir mit dem Lippenstift ein großes rotes Kreuz durchs Gesicht.

«Laß den Quatsch.» Engel griff nach dem Lippenstift.

«Ist er beschlagnahmt? Hier ist noch mehr.» Ich schüttete den Inhalt meiner Handtasche auf den kleinen Tisch. Viele Sachen purzelten herunter, einige fielen aus dem Wagen. Keiner der Männer bemühte sich, etwas davon aufzuheben.

«Protokollführer, schreiben Sie.» Engel wandte sich an den jungen Beamten, der ein Formular vor sich liegen hatte.

«Anzeige gegen Dora Strauch, wohnhaft in Hamburg, wegen versuchter Beamtenbestechung. Die og. Strauch versuchte am heutigen Tag im Imbiß, Budapester Str., den Kriminalkommissar Oliver Engel mittels einer Geldsumme dahingehend zu beeinflussen, daß der Beamte die Ermittlungen in einer Verkehrssache gegen die Beschuldigte in ihrem Sinne beeinflußte. Das Geld – DM 300,– wurde sichergestellt.»

Engel sah mich an, zeigte seine Zähne. Ich schlug zu und zog ihm meine Fingernägel quer durchs Gesicht. Engel schrie, der junge Beamte sah mich aus großen Augen an. Ich sprang aus dem Bus und rannte. Ich rannte über den Platz auf die Straße. Es hupte, dann sah ich nur noch helles Licht, und es knallte. Auf der gegenüberliegenden Straßenseite schloß gerade ein alter Mann seinen Hund in die Arme. Dann wurde es dunkel.

Später im Krankenhaus erzählte mir jemand, ich wäre angezeigt worden. Widerstand gegen die Staatsgewalt und Körperverletzung.

Ich mag keine Polizisten.

Norbert Klugmann

# Das Fenster zum Hof

## 1990

«Das ZDF hat schon wieder angerufen.» Ich schaute aus dem Fenster. «Ich sagte, daß das...»

«Ich habe gehört, was du gesagt hast. Du redest ja deutlich genug.» Karin hat Schauspielerei gelernt, das ist für den zwischenmenschlichen Verkehr im Bereich der gesprochenen Sprache bisweilen etwas mühsam. Sie ist nämlich in der Lage, bei Bedarf zusätzlichen Druck auf die Stimmbänder zu legen. Sie hat oft Bedarf.

«Das ZDF wird es abwarten können», behauptete ich.

«Dann setz dich endlich hin und arbeite», sangen meine angetrauten Stimmbänder.

«Ich arbeite.»

«Du arbeitest?»

«Ich arbeite.»

«Ich werde dir sagen, was du tust.» Und sie sagte es mir: «Du stehst wieder am Fenster und glotzt hinaus. Seit zwei Wochen stehst du am Fenster und glotzt hinaus.»

«Das ist Arbeit. B.s Wagen steht seit viereinhalb Stunden vor der Garage.»

Karin trat neben mich ans Fenster. «Willst du sagen, daß du zusiehst, wie diese Rostlaube vor sich hin gammelt?»

«Gleich sind fünf Stunden um. Dann wird etwas passieren.»

Wir wohnen jetzt zwei Jahre in unserer neuen Wohnung. Drei große Räume über zwei Etagen im Hinterhaus. 140 Quadratmeter, 350000 Mark. Vor zwei Jahren wußte ich genau, warum wir kauften und nicht mieteten. Es hat sich viel geändert in den letzten zwei Jahren. Bis auf die Baumängel, die sind geblieben.

«Vier dreiviertel Stunden.»

«Du spinnst doch», sagte Karin. Dann fiel ihr doch noch etwas Sachdienliches ein: «Der Strauch vor dem Fenster von B.s geht ein.»

«Ich habe seit Jahren nicht mehr nachts gegen Sträucher gepi...»

«Frau B. sagt, das waren A.s.»

«Du meinst, A.s stellen sich nachts vor das Fenster und...?»

«Frau B. sagt, sie arbeiten mit einem Gift.»

Während ich sah, wie unter uns Herr A. aus der Haustür trat und – ohne Unterlaß seine Armbanduhr fixierend – auf die Rostlaube zuschritt, fragte ich Karin: «Was wollen wir unternehmen?»

«Das machen wir von der Schwere des Gifts abhängig.»

Herr A. hatte die Rostlaube erreicht und blickte auf das Wohnzimmerfenster seiner Eigentumswohnung, hinter dem ohne Zweifel Frau A. stand. Leider hat mir Karin verboten, an unser Fensterbrett einen Außenspiegel zu montieren. Dann wäre mein Überblick globaler.

«Komm weg vom Fenster», forderte meine Frau mich auf, «das ist peinlich.»

«Protest», rief ich und streichelte Felix, der auf die Fensterbank gesprungen war. «Ich kann aus meinen Fenster gucken, soviel…»

«Jaja», murmelte meine Frau und trat ins Innere der Wohnung. So abrupt alleingelassen, folgte ich ihr bald. Durch die verzerrenden Ritzen der Jalousie im Badezimmer konnte ich gerade noch sehen, wie Herr. A. unter uns in Richtung seines Wohnzimmers rief: «Fünf Stunden.»

Dann hob er die Hand, ballte sie zur Faust, ich

suchte impulsiv Halt am Badehandtuch. Aber Herr A. schaffte es, die Geste in eine Art Fingernägelinspektion aufzulösen. Dann ging er in seine Wohnung zurück. Zehn Minuten später fuhr Herr B. seinen Wagen vom Grundstück. Seit dem gerichtlichen Vergleich hat er das Recht, fünf Stunden am Tag auf diesem Platz zu stehen.

## II

An einem milden Abend nahm Felix mich mit aufs Dach. Ich wählte zum Ausstieg das Braas-Fenster, nicht nur, weil ich für das Velux nicht gelenkig genug bin. Der Hauptgrund ist, daß die Braas-Fenster zu der dem Innenhof abgewandten Seite liegen, der Ausstieg mithin unauffällig geschehen kann.

Felix ist kastriert, aber das hat ihn nicht bitter gemacht. Er besitzt Charme, und er fährt gut damit. Seine vorsichtige, fast bedächtige Art kommt ihm auf dem Dach zugute, denn wiewohl es nur von schwachem Neigungswinkel ist, wurde ich von der Vorstellung gepackt, die Finsternis griffe mit schwarzen Klauen nach mir und wollte mich in die Felsenschlucht ziehen – eine für Hansestädte bemerkenswert dumme

Befürchtung. Ich fand Halt an einem Fensterrahmen. Danach weitete sich mein Blick und nahm die Charakteristika unserer Umgebung auf: die Rückfront der McDonald's-Filiale, die selbstbewußte Quaderform des achtstöckigen Bürobaus und die mich stets an eine 300-Gramm-Tafel der Schokoladenfirma Milka gemahnende Rückfront der Garagen, über denen der uns persönlich nicht bekannte Nachbar lebt, der in seiner Freizeit Klaviere stimmt, dies jedoch ausschließlich nach Feierabend und am liebsten Freitag und Samstag von 23 Uhr an.

Plötzlich bewegte sich unter mir in der Dunkelheit etwas.. Ich wollte sofort Felix beobachten, dessen Sinne so scharf sind. Doch er war zum nebenanliegenden Flachdach weitergegangen. Da unten am Rand der winzigen Hundescheißwiese bewegte sich etwas. Es konnte kein Zweifel bestehen, und es war kein Hund, den Harn- und/oder Stuhldrang umtrieb. Die Gestalt unter mir erschien trotz der Dunkelheit in auffallender Weise dunkel angezogen zu sein. Da! Auf dem Weg, der an der Rückfront unseres Hauses verläuft, exakt an der Grenze zwischen Weg und Scheißwiese, stand eine zweite Gestalt, keinen Deut weniger dunkel. Mir wollte scheinen, daß diese zweite Gestalt Wache stand. Die erste Gestalt – immer noch die motorisch rührigere – war nun so dicht hinter mir an die Rückwand des Hauses getreten, daß das Dach die Sicht versperrte. Es war die Eingebung eines Augenblicks, dann lag ich an der Dachkante, hatte mit beiden Füßen keinen ernst zu nehmenden Halt mehr, aber ich konnte wieder sehen. Herr B. stand vier Meter unter mir am geöffneten, wohl in der beliebten Kipp-Position verharrenden Fenster von Familie A. und bugsierte etwas durch die Öffnung ins Innere der Wohnung. «Mach schnell», ertönte zischend und alarmiert die Stimme von Frau B. am Rand der Scheißwiese. Herr B. griff in seine Hosentasche, holte etwas heraus und beförderte es erneut ins Wohnzimmer der A.s.

«Da kommt einer» zischte Frau B. Herr B. zog aus Tasche, warf durch Fenster, dann stieß er einen Laut aus, der mir von abgrundtiefer Zufriedenheit gespeist zu sein schien. Die dunkle Gestalt trat auf die zweite dunkle Gestalt zu, und gemeinsam verschwanden sie ins total Dunkle. Dabei – ich sah es genau – hielten sie sich an den Händen, und beide unternahmen tanzende Schritte der Ausgelassenheit.

Plötzlich berührte mich etwas, panisch verlagerte ich mein Gewicht, kam ins Rutschen, fing mich, rutschte, fing mich, fing mich endgültig; und meinem galoppierenden Puls lauschend, blickte ich Felix ins Grün seiner schönen Augen. Er war, wie er es gern tut, in der Regenrinne herangetrottet und freute sich, mich hier zu treffen. Wir köpfelten zwei-, dreimal, dann wandte sich Felix dem anderen Flachdach zu. Ich konnte den Drang nicht unterdrücken, robbte höher. Ich lugte über den Dachfirst und hatte die Rückfront des Vorderhauses vor Augen. Drei der sieben Parteien waren zu Hause, das liegt im Durchschnitt. Herr C. saß wieder vor der Höhensonne, und ich nahm mir zum wiederholten Mal vor, ihm endlich diskret beizubringen, daß seine Vorhänge keineswegs – wie Herr C. ohne Zweifel annimmt – undurchsichtig sind. Ich riß den Blick los. Frau D. korrigierte Klassenarbeiten, die Weinflasche steht dann stets auf dem unerledigten Hefthaufen, während das Glas auf dem bewältigten Stapel steht. Wenn das letzte Heft durchgeschaut ist, ist die Weinflasche leer, und mehr als einmal ist Frau D. am Schreibtisch eingeschlafen. Wir mußte das Fernglas zur Hilfe nehmen. Aber kein Zweifel: Frau D. hängt im berauschten Schlaf die Zunge halb aus dem jeweils unteren Mundwinkel. Sie wirkt dann wie erwürgt, wenngleich weniger blau.

Bei B.s war kein Licht, sie tanzten ja durch den Park hinter mir. Aber da! Konnte es wahr sein? Zwei Gestalten standen vor dem Hoffenstern der B.-Wohnung. Ihre Körper hoben sich gegen die helle Hauswand scharf ab. Hier hätte ein taubengrauer Jogginganzug bessere Dienste geleistet. Je ein Arm der Gestalten fuhr vor dem Fenster in die Höhe und herunter, in die Höhe und herunter. Dann wurde der Pinsel in den Farbtopf getaucht, und weiter ging's. Selbst in dieser forcierten historischen Phase unseres Innenhofs dachte ich noch spontan: Nachbarschaftshilfe, wie rührend! Doch mit einem Pinsel reinigt man keine Fenster, und als sich die Gestalten seitwärts in die Büsche schlugen, hatte ich Muße zu erkennen, daß die Scheiben schwarz waren. Pechschwarz.

Ich ignorierte den Kopf, der unter mir aus meinem Fenster gesteckt wurde, und ich ignorierte erst recht die Worte «Hast du sie nicht mehr alle?» Reaktion und abperlen lassen – das sind die Pole, zwischen denen das Pendel einer intakten Ehe schlägt. Die Neugier trieb Karin zu fünf weiteren Fragen, dann raschelte und stöhnte es unter mir, und nun blickten zwei Köpfe über den First in den Innenhof. Felix schaut auch vorbei, und wir waren selten so glücklich wie an diesem Abend, daß wir keine Kinder haben. Ich wette, daß diese sinnreichen Kindersitze für die Autorückbank keinen Mechanismus für die Befestigung am Dachfirst besitzen. B.s kamen nach Hause. Wir erkannte das daran, daß ein Fenster aufgerissen wurde, Herr B. sich hinauslehnte. Und fassungslos gellten seine Worte «Die haben uns die Fenster mit Tarnfarbe beschmiert» durch unseren stillen Hof. Frau D. verschluckte sich vor Schreck an ihrer Zunge.

## III

Diese Nacht war die Wende. Ich kam gar nicht mehr vom Fenster weg. Karin löste mich ab. Den Besuch eines befreundeten Paares verbrachten wir vier wie auf einem Stehempfang am Fenster. Die Aussicht, etwas zu verpassen, raubte mir den Schlaf. Ich sagte zwei Verabredungen mit Fernsehredakteuren unter einem fadenscheinigen Vorwand (spezifisches Unwohlsein) ab. Genaugenommen sagte Karin die Verabredungen ab, unsere Telephonschnur reicht – obwohl zehn Meter lang – nicht bis zum Fenster.

B.s holten die Polizei. Mit einer Streifenwagenbesatzung standen sie vor den pechschwarzen Fenstern und redeten erregt auf die jungen Beamten ein. Ich sah, wie sich die kostümierten Männer verstohlene Blicke zuwarfen. Und in einem unbeobachteten Moment tippte einer gegen die Stirn. B.s wiesen immer wieder auf die Wohnung der A.s. Dort standen alle Fenster offen, denn die ins Wohnzimmer geworfenen Stinkbomben waren auf dem Teppich ausgelaufen; und es hatte sich um eine zur Unbewohnbarmachung von Flugzeug-Hangars ausreichende Menge gehandelt.

Herr A. kam auf dem Weg zu dem Mülltonnen an den Polizisten und B.s vorbei. Er trug eine halbe Gesichtsmaske, wie Chirurgen sie verwenden. In den Händen hielt er mehrere Stücke hochflorigen Velours, die er aus seinem Fußboden geschnitten hatte. Herr B. attackierte ohne Vorwarnung. Die durchtrainiert wirkenden Streifenbeamten griffen erst ein, als die beiden Männer sich bereits auf dem Pflaster des Innenhofs wälzten.

«Hau ihn», rief Frau B. tobend, «hau ihn.» Dann folgte, was in gewisser Weise den Umschlag von einem Nachbarschaftsstreit zur Fehde bedeutete. Ihre nächsten Worte lauteten: «Reiß ihn ihm ab.»

Die Aufforderung war so verblüffend, daß die

sich wälzenden Herren B. und A. augenblicklich in ihren Tötungsbemühungen nachließen.

«Wen oder was soll ich abreißen?» fragte Herr B. seine Frau.

«Na ihn!» kreischte Frau B., während aus ihrer Wohnung Frau A. herbeieilte. Ein Beamter hatte den Streifenwagen erreicht und rüttelte an der Tür herum. Sie war verschlossen. Ich sah, wie der Polizist die Straße entlangblickte, während im Innenhof Frau A. und Frau B. vereint den zweiten Polizisten mit gemeinen Griffen von den sich schlagenden Ehemännern wegzerrten. Am Streifenwagen tauchte nun mit allen Anzeichen von Mißtrauen ein etwa zehnjähriger Schüler auf. Der Polizist sprach auf ihn ein, das Kind stutzte. Der Polizist redete, drückte dem Kind etwas in die Hand. Das Kind fragte, der Polizist nickte, und während sich der Beamte sodann abwendete, zerschmetterte der Knabe die Seitenscheibe des Streifenwagens. Der Polizist forderte über Funk Verstärkung an und gab anschließend eine Personenbeschreibung des sich entfernenden Knaben durch.

Herr A. hatte in der Zwischenzeit Punkte gemacht. Er befand sich in der Oberlage, was man vom zweiten Polizisten beim besten Willen nicht behaupten konnte. Frau B. und Frau A. gingen so einig vor wie ein geübtes Tandem.

«Wo ist die Polaroid?» rief ich Karin zu.

«Kaputt», erklang es am Fenster neben mir.

«Seit wann?» bellte ich in ohnmächtigem Zorn.

«Seitdem sie dir vor sechs Jahren aus dem Bett gefallen ist», antwortete Karin. Ihre Augen hingen an den Nachbarsfrauen, während ich nicht wußte, wo ich zuerst hingucken sollte. Sie brauchten vier Streifenwagen, um Ruhe und Ordnung wiederherzustellen.

Herr B. beklagte zwei Hämatome, Herrn A. fehlte ein Zahn. Er bestand darauf, den Zahn im Garten der B.s finden zu wollen, und begann unverzüglich, Erdarbeiten vorzunehmen, bis ihm Frau B. auf die Hand trat. Verschmutzt, etwas blutend, mit zerissenen Textilien, im Falle von Herrn A. verrutschtem Atemschutz und in beiden Fällen wüsten Frisuren wirkten Herr B. und Herr A. auf markante Weise wesensverwandt, wenn auch Herr B. aus unerfindlichen Gründen eine Polizeimütze auf dem Kopf trug.

## IV

«Guck mal», sagte Karin wenige Tage später und hielt mir die aktuelle Ausgabe von *Schöner Wohnen* hin. Ich mag diese Zeitschriften nicht. Ich habe stets das Gefühl, daß sie mit einem unsichtbaren Mechanismus ausgestattet sind, der mir meine Geldbörse aus der Tasche zieht. Immerhin ergriff ich die Zeitschrift. «Whirlpool für Hunde?» fragte ich und blickte den schlummernden Felix an.

«Die Anzeige daneben», sagte Karin.

Eine Anzeige für einen Partyservice. Acht schicke Menschen räumten in großkotzigem Living Room ein Büfett leer. Ich verstand die Zusammenhänge nicht. Es klingelte, ich ging öffnen.

«Haben Sie schon gesehen?» begrüßte mich Frau A. freudig erregt, hielt mir die neue Ausgabe von *Schöner Wohnen* vors Gesicht und tippte fortgesetzt auf die Büfett-Anzeige. Jetzt erkannte ich den abgebildeten Raum. Es war der Wintergarten von B.s. «2500 Mark», rief Frau A. jubelnd. «2500 Mark für einen Vormittag. Damit bezahlen wir den Anwalt.»

«Sie haben den Wintergarten von B.s vermietet?» rief ich mehr fassungslos als nachvollziehend. Aber Frau A. freute sich viel zu sehr, als daß sie bereit gewesen wäre, mir zu antworten. Sie sprang in ihre Wohnung, ich schloß nachdenklich die Tür.

In der kommenden Woche fand in unserem Innenhof eine weitere Volksversammlung statt.

«Vorbildlich», sagte ich, als wir die Szene am Fenster beobachteten. «Das nenne ich praktizierte *res publica*. Sachverstand, Sinn für das Gemeinwohl und das Ganze auf der Basis einer Bildung, die sich in überpersonaler Weise mit dem Allgemeinen verbindet. Vorbildlich.»

Karin sagte in der Sekunde «Schwätzer», in der Herr A. um einen Zollstock bat, den ihm einer der Anwälte überreichte, während seitwärts die Amtsrichterin mit zierlichen Schlägen ihren auf dem wuchtigen Pflaster abgebrochenen Absatz an den Schuh zurückzuklopfen versuchte. Zu den diversen Ortsterminen hatten die Parteien stets ihre Anwälte dabei. Die Richterin war in Begleitung von zwei Referendaren gekommen, die eine Loseblattsammlung Rechtsprechung unterm Arm trugen, die nun als Hammer für den Absatz diente. Die Runde komplettierten zwei Männer, die ich noch nie gesehen hatte, und zwei Handwerker, die ich schon gesehen hatte – leider nie, wenn ich mit ihnen zur Absolvierung einer Nachbesserung in meiner Wohnung verabredet gewesen war. Die Handwerker hatten Handwerkszeug dabei und schienen auf eine Entscheidung zu warten.

Soweit wir noch den Überblick besaßen – wofür ich keine dreistellige Summe verwettet hätte –, sollte es heute um das Auslappen von B.s Privatgarten in das Fleisch des Gemeinschaftseigentums gehen. Vielleicht ging es aber auch um den Schattenwurf des vor unserem Balkon stehenden Bäumchens. Herr. B. vertrat die Theorie, daß der Baum bei ortsüblichem Wachstempo in acht Jahren in den Sommermonaten Juni und Juli nachmittags zwischen 17 Uhr 15 und 17 Uhr 48 eine Gesamtfläche von 1,8 Quadratmetern seiner Terrasse mit Schattenwürfen überziehen würde. Deshalb plädierten B.s für sofortige Abholzung, was A.s verhindern wollten. Es war aufschlußreich zu sehen, wie die Herren A. und B. nach ihrer Schlägerei einen Abstand von minimal vier Metern hielten.

Beim Gericht war Herr A. mit einer Schadensersatzforderung von 25 000 Mark vorstellig geworden. Herr B., der angeblich Kunstmaler ist – was niemand von uns bestätigen kann –, machte einen kreativen Stau geltend, den er mit 150 000

Mark beziffert sehen wollte. A.s hatten daraufhin einen Kunstsachverständigen engagiert. Der international hervorgetretene Experte hat einen in B.s Wohnzimmer hängenden weiblichen Akt beäugt und ihn am Ende einer 28seitigen Expertise auf 24 Mark 75 (ohne Rahmen) geschätzt. B.s hatten diesen Kunstsachverständigen auf der Stelle verklagt. Das Verfahren schwebte nun.

Keineswegs schwebend, sondern im Gegenteil der Schwerkraft gehorchend, fiel am nächsten Morgen ein später von der Polizei als «Boulekugel» identifiziertes Geschoß durch das Glasdach von B.s Wintergarten. Zwei Abende später fand in der Wohnung der A.s ein Einbruch statt, bei dem außer einem Physiklehrbuch nichts entwendet wurde. Dieses Physiklehrbuch legten B.s später dem Richter als Beweismittel 264 vor. Es sollte beweisen, daß der A. sich ein zwillenähnliches Wurfgeschoß gebaut hatte, mit dessen Hilfe die Boulekugel parabelförmig von der Wohnung der A.s aus dergestalt in Bewegung gesetzt worden sei, daß sie durch das Dach von B.s Wintergarten niederkommen mußte.

## V

Jetzt begannen A.s und B.s sich mit subtilen Mitteln zu beharken. Man schickte sich unerbetene Büchersendungen und teure Nachnahmen ins Haus, Grabschmuck (Kränze und Gebinde); eine Couchgarnitur stand eines Vormittags in dem Innenhof auf der Terrasse der B.s, regnete dort ein; und B.s prozessierten gegen die Anlieferfirma, die den verletzlichen Froschlaich im Kleinst-Biotop der B.s schockiert oder breitgetreten haben sollte, so daß der Laich verschieden war und in den Akten fortan mit einem «e» anstelle des vitalen «a» auftauchte.

Den Sarg konterten A.s mit einer achtköpfigen Übersiedlerfamilie aus der DDR, die eines Nachmittags vor der Wohnung der abwesenden B.s stand und mit Hilfe von Campinggestühl, das Familie A. selbstlos bereitstellte, sowie eines Propangas-Kochers und zweier ausgebauter Trabant-Autositze die Terrasse mit lebensfrohem Gesummse überzog. Herr B. ging die DDR-Übersiedler in wenig humaner Weise an, so daß Frau D., die ihre Weinflaschen in die Mülltonne werfen wollte, sich gezwungen sah, für die Übersiedler Partei zu ergreifen. Das brachte ihr vier Schlafgäste und eine radikale Dezimierung ihres

Weinvorrats ein; der Rest der DDR-Familie lagerte in milden Sommernächten um das Wasserbassin der B.s, badete wohl auch darin, und B.s beklagten den Verlust eines Fischpärchens, das aus dem Amazonasbecken eingeflogen worden war. Nachdem ein umtriebiger Makler die Wohnung der A.s mit Hilfe eines Nachschlüssels sowie eines unbekannten Auftraggebers an einen anlagewilligen Steuerberater veräußert hatte, ging das Ehepaar B. nicht mehr ohne Begleitung eines stämmigen, stets in einen pinkfarbigen Trainingsanzug gekleideten Jünglings mit Löckchen, Goldkette, Boxerschuhen und schwellendem Brustkorb in die Öffentlichkeit. Das rette B.s nicht vor dem schmerzhaften Kontakt mit mehreren aus einer sogenannten Erbsenpistole abgefeuerten Bohnenkernen. Den abgesägten Lauf der Waffe wollte Frau B. im Hausmüll gefunden haben; aber es gelang dem Detektiv der A.s, eine Quittung beizubringen, daß B.s diese Waffe selbst käuflich erworben hatten.

Den Erholungsurlaub traten A.s und B.s zeitgleich an. Sie verkehrten zu diesem Zeitpunkt längst nur noch per Anwalt. Deshalb fuhren die Anwälte auch mit in den Urlaub. Zurück kehrten beide Nachbarn am selben Tag. Karin und ich atmeten auf, es war uns doch recht öde geworden in diesem Monat. Drückende Stille lastete über dem Innenhof, das Grün trieb aus, Blumen blühten, Bienen summten, Ersatzlaich dümpelte neben den ins Biotop gekippten LKW-Reifen; und der mit Hilfe von Kupfermünzen im Gesamtbetrag von 4 Mark 70 gemeuchelte südeuropäische Terrassenbewuchs der B.s gab melancholisch den Löffel ab. Herr C. sonnte sich auf seinem Balkon und kratzte sich nicht an den Stellen, an denen er es hingebungsvoll im Mimikri-Schutz seiner Jalousien vor der Kunstsonne getan hatte; Frau D. erledigte Weinflaschen und Hausarbeiten.

Dann stand Frau B. auf ihrer Terrasse, reckte und streckte sich anmutig und blickte hinüber zum Fenster der A.s, wo Frau A. soeben beide Fensterflügel aufstieß, sich wohl reckte und streckte – der von mir gegen Karins Minderheitenvotum angebrachte Außenspiegel läßt leider einige tote Ecken dicht vor dem Haus. Frau B., die gut erholt wirkte, kickte eine von den DDR-Übersiedlern zurückgelassene Dose Corned beef zur Seite und rief munter tremolierend: «Das Leben ist schön.»

Mit fliegenden Fingern notierte ich die Reaktion von Frau A.: «Zum Leben gehört auch Krebs.»

Das nächste Geräusch war die von Frau B. ins Schloß geworfene Terrassentür. Sekunden später riß sie sie wieder auf, betrat mit einem Megaphon die Terrasse, und unserem Felix fielen fast die Ohren ab, als es über den Innenhof gellte: «A.s haben ihre Hypothek zu elf Prozent abgeschlossen.» Frau A. brüllte, so laut sie konnte: «B.s leiden an einer Erbkrankheit», aber Frau B. konnte einfach lauter: «Der Vater von A. war der aktivste Sodomist von ganz Norddeutschland.»

Es ging noch mehrere Male hin und her, dann fiel beim Angriff von Frau A. auf Frau B. das Megaphon zur Seite. Die beiden Frauen stürzten ohne Umschweife in B.s Teich, der seit dem Zusatz von zehn Sechskilotonnen Persil erst seit kurzem wieder reines Leitungswasser enthielt. Wellengang, Ringen, Prusten, Stöhnen, Schlagen, Treten, Stille. Karin und ich wechselten einen langen Blick, dann tauchten zwei Köpfe auf. Schlagen, Treten, Würgen, Beißen, Haarreißen, Spucken, immer wieder Spucken und dazu die Schreie, diese Schreie.

«Das ist die Entscheidungsschlacht», murmelte ich beeindruckt.

Und selbst meine Karin, die für ein Widerwort meilenweit geht, versagte sich jede Anzweiflung dieser Bemerkung.

Der Entscheidungskampf währte vier Minuten und 38 Sekunden, wie mir meine extra für diesen Zweck angeschaffte Sportler-Uhr verriet. Nach vier Minuten und 38 Sekunden dümpelten zwei Blusen naßglänzend im Licht der Sommersonne, Gesichter wasserwärts, Arme und Beine unsichtbar, schaukelten zwei Oberkörper im Rhythmus des sich beruhigenden Wassers im Teich auf meinem Innenhof.

Dann wurde irgendwo ein Fenster aufgerissen, eine Frauenstimme gellte, und ich stürzte an meine Schreibmaschine, während im Innenhof Herr B. Herrn A. anbrüllte: «Wagen Sie nicht, meine Frau zu retten.»

«Ruf das ZDF an», rief ich Karin zu, «sag ihnen, ich habe den Plot für den Film.»

## Klugmann / Mathews

# Der Fahnder

Am Schluß wurde die Zeit wieder knapp. Er hatte am Nachmittag die Rabatten winterfest gemacht und bei der Gelegenheit gleich die Gartengeräte von den Spuren der letzten Monate befreit. Als er im Schuppen Scheren und Messer in Reih und Glied an den Nägeln hängen sah, war ihm warm ums Herz geworden. Nein, er fand nicht, daß Ordnung ein Selbstzweck war. Aber wenn sie jemandem so gut tat wie ihm, konnte sie so schlecht nicht sein.

Bis 19 Uhr wartete er dann auf das Geräusch, mit dem die Autoreifen über die Waschbetonkiesel schrubbten. Ab 19.30 Uhr verschlechterte sich seine Laune.

«Kann diese Frau nicht einmal pünktlich sein?»

Er wusch sich die Hände und auch unter den Armen. Bei der Gelegenheit schnüffelte er sich durch ihren Bestand an Duftwässern. Er wußte, daß Frauen in einer anderen Welt lebten, aber heute war ihm danach, auch geruchlich Nähe zu ihr herzustellen. Als das Badezimmer von den Tröpfchen des Zerstäubers erfüllt war, kam er sich ein wenig verwegen vor.

Bevor er um Viertel nach umschaltete, sah er im Ersten die *Tagesschau*. Es gab da diese Frau mit dem Augenaufschlag, er hatte bis heute nicht herausgefunden, wie sie das machte.

«'n Abend, Schatz, es ist später geworden», sagte sie hörbar atmend und drückte ihm einen Hauch auf die Wange. Er spürte, daß sie stutzte und einatmete, und er sagte: «Beeil dich. Geht schon los.»

Gemeinsam hörten sie das *Te Deum* von Charpentier, Eduard sprang auch heute gleich wieder hinein ins volle Menschenleben und spielte ihnen ein Tonband mit den Stimmen von Erpressern vor.

«Kenn ich», sagte er, «Wedel von Nummer 28.»

Sie stieß ihn in die Seite wie jedesmal, wenn sie einen seiner Scherze für zu keck hielt. Die Erpresser verlangten von einem Lebensmittelkonzern 25 Millionen, sonst wollten sie in mehreren

Städten Hühnereier mit Salmonellenbakterien infizieren. Als Belohnung wurden dreitausend Mark ausgelobt.

«Dreitausend Eier», sagte er, «ziemlich popelig.»

Sie stimmte ihm zu: «Das ist gerade mal ein Sechstel neues Auto.»

«Sabine, wir brauchen kein neues Auto.»

«Ja, ja», maulte sie.

«Ich als Alleinverdiener...»

«Ja, ja, ist ja gut.»

«Du kannst jederzeit wieder anfangen zu arbei...»

«Es ist ja gut, Bärchen.»

Eduard kündigte den ersten Einspielfilm an.

«Ich mach uns doch noch schnell ein paar Schnittchen», sagte sie und war schon auf dem Weg in die Küche.

«Aber nicht mit Eiern», rief er. «Man kann nie wissen.»

«Deutschlands Kriminelle haben ein neues Betätigungsfeld entdeckt», sagte Eduard. «Immer häufiger werden alte und behinderte Mitbürger Opfer von gewissenlosen Tätern, die sich auch durch den Anblick ihrer wehrlosen Opfer nicht von ihrem frevelhaften Tun abhalten lassen. Ein besonders abscheulicher Fall ereignete sich in Uelzen. Er ist Teil einer ganzen Reihe von Überfällen auf betagte Mitbürger.»

Schade, dachte er, nur alte Leute. Er hatte sich auf einen Bankraub gefreut, am liebsten mit Geiselnahme. Aber Uelzen war besser als nichts, denn Uelzen war nur fünfzig Kilometer entfernt, keine dreißig Minuten, wenn die Bundesstraße frei war.

«Uelzen in Niedersachsen, am östlichen Rand der Lüneburger Heide. Ein beschauliches Städtchen, in dem es sich ruhig leben läßt. Das findet auch die 78jährige Hildegard Salm (Name geändert), die hier seit zwanzig Jahren eine schmucke kleine Eigentumswohnung bewohnt. Frau Salm ist gesundheitlich noch gut beieinander und viel unterwegs. Sie legt großen Wert auf ihr Äußeres. So ist sie auch gleich interessiert, als sie eines Tages Besuch von einer unbekannten Frau erhält, die ihr ihre Dienste als Kosmetikerin anbietet. Die Frau ist Mitte Vierzig und macht einen gepflegten Eindruck. Frau Salm bittet sie in ihr Wohnzimmer, wo die Frau – sie nennt sich Rita Nidetzky – ihre Angebotspalette ausbreitet. Sie reicht von Maniküre und Pediküre über schonende Haarbehandlungen bis zu wohltuenden Gesichtsmassagen. Rita Nidetzky kommt zu ihren Kundinnen ins Haus. Anfangs ist Frau

Salm mißtrauisch, eine Freundin von ihr wurde vor kurzem Opfer von Trickbetrügern. Aber die Frau, die sich Nidetzky nennt, kommt ein zweites Mal ins Haus, und nun will Hildegard Salm es riskieren. Sie läßt sich von der Kosmetikerin eine Gesichtsmaske auflegen.»

«Sabine!» rief er Richtung Küche. «Hier schmiert eine einer Oma Gips ins Gesicht.»

«Was möchtest du drauf haben?» rief sie. «Mortadella oder Käse?»

«Und nun geschieht das Unheil: Die bis eben noch so zarten Hände der Kosmetikerin packen brutal zu. Rita Nidetzky preßt ihrem Opfer einen Bausch mit Äther aufs Gesicht. Dann fesselt sie die bewußtlose Seniorin an Armen und Beinen mit Klebeband und durchsucht systematisch alle Räume der Wohnung nach Wertsachen.»

«Selber schuld», murmelt er vor sich hin, «was will die in dem Alter denn noch mit einer Kosmetikerin?»

«Das Opfer erleidet einen Schwächeanfall und hat sich auch vier Monate nach dem Überfall noch nicht von dem schrecklichen Erlebnis erholt. Der Verlust von achttausend Mark Bargeld schmerzt dabei noch nicht einmal so sehr wie die Erinnerung an den wertvollen Familienschmuck, den die Diebin mitgehen ließ. Bei dem Schmuck handelt es sich um Unikate: vier Ketten, zwei Broschen und ein Paar Manschettenknöpfe, die dem verstorbenen Herrn Salm gehörten.»

Der Schmuck erschien auf dem Bildschirm, er hatte nicht viel über für dieses Glitzerzeug. Dann erschienen die Manschettenknöpfe, und er setzte sich aufrecht hin.

«In den letzten zwei Jahren hat die Täterin, die immer allein auftritt, wenigstens 18 Seniorinnen auf diese Weise ausgeraubt. Der Gesamtschaden beträgt 300000 Mark. Alle Fälle geschahen in Norddeutschland, Rita Nidetzky fuhr in wenigstens vier Fällen ein rotes Cabrio der Marke Ford Escort. Die Beschreibungen der Täterin differieren enorm, ihre Haarfarbe wird mal als brünett, mal als blond, mal als schwarz beschrieben. Auch rothaarig soll sie gewesen sein. Daraus schließt die Polizei, daß es sich um eine Frau aus den Bereichen Friseuse oder Kosmetikerin oder Maskenbildnerin oder gar um mehr als eine Person handelt. Sachdienliche Hinweise …»

«Was zuckst du so?» fragte Sabine. Sie stand mit den Schnittchen vor dem Sofa. Er rückte weit zur Seite. «War was Interessantes?»

«...ach was, nein nein.»

«Was starrst du mich so an? Magst du meine neue Frisur? Iß lieber. Oder möchtest du von Frau Doktor zwangsernährt werden?»

Sie biß ab, kaute einige Male und beugte sich dann zu ihm hinüber. Danach hatte er die Bissen im Mundraum. «Was ist, Bärchen? Hast du wieder deine Nackenschmerzen? Soll Sabine ihrem Bärchen den Nacken massieren? Oder eine erfrischende Maske auflegen?»

«Nein! Um Gottes... Ich muß aufs Klo.»

Im Schlafzimmer fand er die Manschettenknöpfe nicht sofort, er hatte sie noch nie sofort gefunden. Als er sie dann in den zitternden Händen hielt, schloß er die Augen. Er ließ sich aufs Sofa fallen und aß, wie stets, wenn er nervös war, viel zu schnell.

«Mit den Schlipsen lernt Eduard das aber auch nie», sagte Sabine kauend. «Mit dem würde ich gern mal...»

«Sabine! Versündige dich nicht!»

«...eine Typberatung machen.»

«Wie war's denn heute so?» fragte er lauernd. «Hast du schön trainiert?»

«Klar», kam es kauend. Sabine ging seit zwei Jahren jeden Freitagnachmittag ins Fitneßcenter.

«Und der Wagen? Alles okay soweit?»

«Ich glaube, das Dach hat ein Leck. Hinten links. Bärchen, wo willst du denn jetzt schon wieder hin?»

Im Badezimmer fand er nichts, im Schlafzimmer fand er nichts.

«Bärchen, was willst du denn im Keller?»

«Ich hol uns eine schöne Flasche Wein.»

«Au ja, zur Feier des Tages», rief sie von oben und lachte.

«Feier des Tages», murmelte er am Fuß der Kellertreppe. «Was hast du zu feiern?»

Im Keller fand er nichts. Nachdenklich kehrte er mit der Flasche zurück und stieß im Flur gegen Sabines Sporttasche. Zuoberst lag ein Handtuch. Es roch nach Parfüm, aber im Badezimmer vorhin hatte er nichts davon gerochen.

«Bärchen, komm doch! Jetzt läuft ein schöner Mord.»

Der Mord war nett, Eduard war angewidert, aber der Mann bekam nichts davon mit.

«Sag mal, Bärchen, wie hoch war eigentlich die Belohnung?»

«Wofür?»

«Na, bei dem ersten Fall. Da war ich doch in der Küche.» Er begann zu erzählen. Sie wollte alles ganz genau wissen, und als er Uelzen und den roten Escort erwähnte, wurde sie sehr fahrig.

«Schrecklich», murmelte sie, «die armen alten Leute. Wie sieht die Täterin denn aus?»

«Och, normal. Nichts Besonderes.»

«Ach nein? Das ist typisch. Als wenn alle gutaussehenden Frauen dumm wären.»

Der Film mit dem Mord war zu Ende, die Belohnung betrug 10 000 Mark.

«Das ist viel Holz», murmelte er. «Da könnte man direkt ins Grübeln kommen. Bei dem Fall mit den alten Damen gibt's nur fünftausend Mark.»

«Fünftausend Mark», sagte sie beklommen. «Dafür kriegst du doch heute nichts mehr. Dafür setzt man doch nichts aufs Spiel.»

«Was denn, Sabine?»

«Na, eine Beziehung zum Beispiel. Eine Ehe. Oder würdest du das tun, Bärchen? Für fünftausend Mark?»

«Fünftausend Mark haben oder nicht haben...»

Er stand auf, verließ den Raum, kehrte zurück und warf ihr etwas in den Schoß. Verwirrt nahm sie die Manschettenknöpfe in die Hand.

«Und wenn ich jetzt dein Auto durchsuchen

würde, Sabine, was meinst du, würde ich da finden? Außer dem Loch im Dach, meine ich. Würde ich da eine Perücke finden?»

Er hatte das Gefühl, als wenn sie ihn minutenlang anblicken würde. Dann fragte sie: «Und so was würdest du mir zutrauen?»

«Es gibt Dinge zwischen Himmel und Erde, die würdest du mir auch nicht zutrauen.»

Sabine stand auf und verließ den Raum. Eduard jagte einen Trickbetrüger, und der Mann umschlich das Telefon. Es zog ihn an wie ein Magnet. Zweimal hatte er den Hörer schon in der Hand, legte dann aber immer wieder auf.

«Du hast gut reden», murmelte er und blickte Eduard in die Augen. Die Telefonnummer wurde eingeblendet. Er setzte sich hin und wählte 089/950195. Er kreiste in der Warteschleife, dann meldete sich eine junge weibliche Stimme.

«Hier ist... äh... ich habe eine Aussage zu machen, eine sachdienliche Aussage. Ich habe nämlich eine Frau. Sie ist gelernte Kosmetikerin, aber sie muß nicht mehr arbeiten, seitdem mir die Presse damals meine Geschichte abgekauft hat.»

«Was für eine Geschichte?» fragte die Stimme, sie klang gereizt.

«Na, mein Leben. Der Mord an Dr. Jessen. Das war ich. Ich war der erste Mörder, den Ihr Chef damals gefangen hat, damals, 1968.»

«Ach. Ja und...?»

«Na ja, meine Frau und ich, wir haben doch nach meiner Entlassung so lange in Frieden...»

Die Tür des Wohnzimmers wurde vorsichtig geöffnet, acht Schritte, dann stand sie hinter ihm. In der rechten Hand hielt sie das Handtuch, es war mit Äther getränkt.

«...wir wollten doch zusammen alt werden. Sie heißt wie Herrn Zimmermanns Tochter. Das ist wie ein Zeichen, und sie hat doch niemanden außer mir. Und ich...» Dann rief die gepeinigte Seele schließlich in den Hörer: «Sie dürfen sie mir nicht wegnehmen. Ich liebe sie doch so sehr.»

Die Frau hinter ihm ließ das Handtuch sinken, sie hatte Tränen in den Augen, und die Telefonistin sagte:

«Gehen Sie bitte aus der Leitung.»

«Bärchen...»

Er drehte sich um, im nächsten Moment lagen sie sich zu den Klängen der Eurovisionshymne in den Armen.

Es roch nach Äther.

## Norbert Klugmann

# Der unglücklichste Mann der Welt

Das Entsetzen griff ihm ans Herz. Sie lag auf dem Sofa, das sie ihm damals abgetrotzt hatte. Aus einem ausgemergelten Gesicht blickten ihn matte Augen an. Warum stand sie nicht auf, verdammt noch mal? Warum trieb sie schon wieder diese Machtspiele? Er erwog, unter der Tür stehenzubleiben und die Hängepartie durchzustehen. Dann hob sie eine Hand, im nächsten Moment saß er neben ihr. Er war zu ungestüm, prallte gegen ihr Bein oder ihr Becken. Sie verzog das Gesicht, er war entsetzt, wie plump er war. Er hielt ihre Hand in seinen Händen. Er fühlte schlaffes, kaltes, lebloses Fleisch.

«Schön, daß du gekommen bist», sagte eine Stimme.

«Aber das ist doch...» hob der Mann an. «Selbstverständlich», sagte er denn doch nicht, er wollte nicht gleich wieder mit dem Lügen anfangen.

«Wie fühlst du dich? Wie geht es dir? Strengt dich das Reden an? Soll ich... kann ich dir irgendwie helfen?»

«Du bist gekommen», hauchte die Stimme. «Das ist schön. Vielen Dank.»

Der Mann stand auf, er konnte jetzt nicht sitzen, mußte gehen, gehen, immer nur gehen. Am liebsten...

«Wohin gehst du?» Er kehrte um, stand am Fenster, wippte auf den Zehenspitzen, verschränkte die Arme auf dem Rücken, ließ das sein, ging umher. Dann sagte eine Stimme:

«Du mußt keine Angst haben. Ich mache dir keine Vorwürfe. Weißt du, daß ich gar nicht mitbekommen habe, wie du gegangen bist? Sie haben mich das ja alle gefragt, immer und immer wieder. Aber es war nichts zu machen. Ich habe das einfach ausgeblendet, sehr erfolgreich. Ein großes, kilometertiefes Loch. Erst warst du noch da, und dann warst du auf einmal nicht mehr da. Dazwischen muß etwas passiert sein, weil es die Logik verlangt.» Er legte die Hand, die zitternde Hand auf ihren Kopf. Der Schreck war überwältigend. Er wollte keinen Schrei ausstoßen, auch nicht einen leisen. Er versuchte, was da in der Kehle hochbrodelte, in ein Irgendwas umzuformen. So räusperte er sich oder stieß auf. Aber er hätte schreien mögen. Das war ein Totenkopf, aus dem es sprach, aus dem es herausschaute.

«Ich nehme an», fuhr die Stimme fort, die zu der Frau gehören mußte, «ich habe gar nichts Ungewöhnliches erlebt. So geht das eben, wenn man verlassen wird. Passiert Tausenden, jeden Tag. Weiß man ja. Aber ich bin nicht geschickt genug.»

«Du mußt nicht reden, wenn es dir Schmerzen bereitet», sagte er beklommen. Er hielt es für unmöglich, auch nur weitere fünf Minuten hier auszuhalten.

«Du darfst mich nicht fragen, warum es dann so schnell gegangen ist. Die Ärzte meinen natürlich, daß alles schon vorhanden war. Sie wundern sich nur, daß ich mich nicht krank gefühlt habe. Aber ich habe mich fit gefühlt. Das meinst du doch auch?»

Sie war nie krank gewesen, er hatte ihr das oft vorgeworfen. Aber sie hatte ja nichts an sich herankommen lassen. Fürs Schwächezeigen waren die anderen dagewesen.

«Ich war regelmäßig zu den Vorsorgeuntersuchungen. Aber da gucken sie sich doch nicht deine Bauchspeicheldrüse an.» Auf diese Weise erfuhr er, welches Organ sie so zugerichtet hatte. «Als dann der Druck im Bauch war, bin ich noch lange nicht auf die Wahrheit gekommen. Ich habe natürlich an die Leber gedacht. An die Galle. Worauf man eben als erstes kommt.»

«Du hast dich zu schnell zufriedengegeben, du dumme Person. Das weiß man doch, daß man mißtrauisch werden muß, wenn sie nichts finden, die Ärzte. Dranbleiben, nachfragen, der nächste Arzt und dann der dritte.»

«Ich habe mich geniert. Sie gucken dich ja auch so an, wenn sie nichts finden.»

Er riß das Fenster auf, sie hustete, erschreckt schloß er das Fenster.

«Eines Tages ist das Blut gekommen. Ohne Vorwarnung. In der Buchhandlung. Voll auf den Tisch mit den Neuerscheinungen. Ich kann dir sagen. Das hat gesprudelt.» Er starrte sie an, brachte das alles nicht in Verbindung mit ihr. «Das Blut hat sie auf die richtige Spur gebracht. Ich habe Krampfadern in der Speiseröhre. Wußtest du, daß man da Krampfadern kriegen kann?» Er hatte dem Körper stets jede Gemeinheit zugetraut, so nickte er guten Gewissens, obwohl er nichts davon gewußt hatte.

«Das Kind hat natürlich auch einen Namen. Er ist sehr lang und schwer, und du denkst gar nicht, daß das was mit dir zu tun haben könnte.»

«Hör auf», bat er sie. Aber er machte sich weniger Sorgen um ihre Kraft. Er dachte an sich.

«Es geht schon, mein Liebster. Das bißchen Reden. Du bist ja hier. Das ist Medizin, weiß du das?»

Er hielt es für möglich, aber er schaute sie schon nicht mehr an, weil er spürte, wie Tränen aufstiegen.

«Sie haben gleich operiert. Sie waren nicht besonders glücklich. Es kann also sein, daß alles zu spät ist.»

«Aber man kann die Drüse verpflanzen!» rief er triumphierend. «Weiß du das denn nicht? Die Medizin ist heute schon so weit. In Hannover machen sie das, ich weiß das. Das ist nicht mehr so wie früher. Wir wer...»

Er spürte den kleinen Druck ihrer kalten Hand und verstummte.

«Du bist so lieb», sagte die alte Frau. «So lieb.» Sie schloß die Augen, und der Mann dachte schon, sie würde jetzt einschlafen. Aber mit geschlossenen Augen sagte sie: «Sind feige Hunde, diese Ärzte. Tun immer wunder wie cool, wie die Cowboys, allesamt. Aber wenn sie's dir sagen, gucken sie woandershin. Du mußt sie regelrecht zwingen, dich anzugucken.»

«Wie lange?»

Sie öffnete die Augen und sagte:

«Ein Vierteljahr. Länger wird es nicht dauern.»

Die Frau nahm seine Hand und schmiegte sich gegen die Innenfläche seiner Hand. Und so schlief sie ein. Der Mann saß da, seine Haltung war unbequem. Er spürte, wie sich Rücken- und Schultermuskulatur verspannten. Aber er wagte nicht, der Frau seine Hand zu entziehen. Nun sah er sich im Raum um. Aus jedem Regal, jedem Stuhl, selbst aus den Grünpflanzen trat ihm sein altes Leben entgegen.

Die Frau gab seine Hand frei, der Mann verließ den Raum, um die Wohnung einer Inspektion zu unterziehen. Er stand im Flur, als ein Schlüssel ins Türschloß gesteckt wurde. Die Frau blickte ihn an, als wenn er sein Hiersein begründen müßte.

«Ich hoffe, Sie haben eine verdammt gute Erklärung parat», eröffnete der Mann unverzüglich die Kampfhandlungen.

«Ich pflege sie. Und wer sind Sie?»

Die fremde Frau war robust bis zur Rücksichtslosigkeit, sie besaß diese zupackende Art, die sich der Mann immer gewünscht hatte. Irgendwann warf ihm die Pflegerin einen Blick zu, und der Mann machte sich unsichtbar. In der Küche stand er herum, faßte dies an und jenes, nur um es wieder wegzustellen.

Dann stand die Pflegerin hinter ihm. Sie stellte die Kaffeemaschine an. Der Mann schämte sich, daß nicht er auf den Gedanken gekommen war.

«Wie lange wird es gehen?» fragte er.

«So lange es geht. Sie ist zäh. Natürlich wird sie sterben. Aber sie ist zäh.»

Langsam faßte der Mann Zutrauen zu der Pflegerin. Er begann, sie auszufragen, zur Funktion der Bauchspeicheldrüse, zu seiner Frau, ob sie Schmerzen gehabt hatte und ob sie zu Hause bleiben könnte. Bevor sie antwortete, blickte ihn die Pflegerin aufmerksam an. Sie schaute auch auf seine Hände, die er an seiner Tasse ruhiggestellt hatte. Er legte die Hände in den Schoß.

«Sie sind der Mann?» Er nickte nicht einmal. «Sie hat von Ihnen erzählt. Nicht viel, nicht oft. Aber wir bekommen ja ein Ohr für so etwas.»

«Für was?»

«Für Männer wie Sie. Für Beziehungen wie Ihre. Glauben Sie bloß nicht, daß ich auf der

Seite Ihrer Frau stehe. Ich mag Frauen nicht, die zu still sind. Ich habe Jahre gebraucht, um es mir selbst abzugewöhnen.»

Der Mann ließ sich erklären, was er zu tun hatte und was zu lassen. Er hatte so gut wie nichts zu tun, er war auf Blut, Schweiß und Eiter eingestellt gewesen. Die Pflegerin schaute auf die Uhr, schrieb etwas in ihr Notizbuch.

Die Frau erwachte, aber der Mann bekam es nicht mit. Er saß schräg hinter ihrem Kopf in einem Sessel, hatte erst geschaut, dann in einem Buch geblättert, dann wieder geschaut. Wie er ziel- und absichtslos den Blick schweifen ließ, schaute er plötzlich in diese großen Augen in diesem knochigen Gesicht. Es war nach hinten zu ihm gerichtet, es wirkte wie verdreht. Der Mann spürte, wie sein Herz hämmerte. Die Frau streckte einen Arm nach ihm aus, und während sie den Arm in seine Richtung hielt, füllten sich ihre Augen mit einem neuen Ausdruck. Unmittelbar nach dem Erwachen war es Ziellosigkeit gewesen und auch Angst. Jetzt wurde der Blick warm und liebevoll. Die Frau freute sich, daß er da war. Der Mann war drauf und dran, die Wohnung zu verlassen.

Was den Mann am meisten überforderte war

ihr Schweigen. Deshalb redete er beständig, wollte sie zu Bemerkungen und Einwänden reizen, übertrieb absichtlich. Sie mußte doch zu provozieren sein. Glücklicherweise verzichtete sie darauf, seine Hand gegen ihr Gesicht zu drücken, wie sie es vorhin getan hatte. Aber die Zeit wurde ihm lang, denn es geschah nichts. Einmal stand die Frau auf, er bot sich an, er war darauf gefaßt, sie tragen zu müssen. Aber sie lachte ihn aus. Beim Gehen sah er ihre Beine. Sie hatte stets über ihre dünnen Waden geklagt, und jetzt hatte sie auch ihre Oberschenkel verloren. Er lauschte auf Geräusche aus dem Badezimmer, Hilferufe, das entsetzliche Geräusch eines zu Boden stürzenden Körpers.

Sie kehrte zurück, sah sein Gesicht, lächelte, ging in der Wohnung umher. Er ärgerte sich darüber. Wenn sie so wenig hilfsbedürftig wurde, hätte sie ihm nicht solche Angst einflößen müssen. Er kam sich überflüssig vor. Die Frau forderte ihn dann auf, sich neben sie ans Fenster zu stellen und hakte sich bei ihm ein.

«Du siehst müde aus», sagte die Frau. Der Mann betonte seine Fitneß, seine Spannkraft, seine gesunde Lebensweise, die optimistische Einstellung zum Leben. Er hechelte vor Eifer, und die Frau sagte in aller Ruhe:

«Warum müssen wir uns jetzt noch etwas vormachen? Wann wollen wir anfangen, ehrlich miteinander zu sein?»

Sie standen sich gegenüber, zum erstenmal seit vielen Monaten. Der Mann war bereit zum Streit. Aber er kam nicht zum Zuge. Die Frau ließ ihn einfach stehen, ging in die Küche, setzte Wasser auf. Der Mann stand daneben und fragte sie, wozu er hier sei, wenn sie jede Hilfe ablehne.

«Du tust mir gut», sagte die Frau.

In den letzten Monaten hatte der Mann kaum jemals ferngesehen. Heute abend hätte er es gern getan. Die Zeit wollte nicht vergehen, und wenngleich die Frau nicht den Eindruck erweckte, als würde er sie langweilen, hatte er doch das Gefühl, sie unterhalten zu müssen. Wegen ihrer Krankheit verboten sich lustige Themen. Er suchte nach quasi staatsmännisch-abgeklärten Stichworten. Aber als er sich dann reden hörte, kam er sich unecht vor.

«Du mußt mich nicht schonen», sagte die Frau einmal. Aber natürlich mußte er sie schonen. Von Minute zu Minute wuchs seine Angst, daß sie ihn nach Charlotte fragen würde. Er nahm sich vor, die Beziehung sachlich und distanziert zu schildern. Alle intimen Details wollte er aussparen, alles was mit Zukunft in Verbindung gebracht werden konnte, wollte er sich verkneifen. Aber sie fragte nicht nach Charlotte. Sie kündigte statt dessen an, nun schlafen gehen zu wollen, und der Mann fragte:

«Wo soll ich schlafen?»

«In deinem Bett.»

Sie redeten 20 Minuten darüber, und der Mann vergaß zum erstenmal, daß sie krank war. Er wollte nicht neben diesem Körper liegen. Er würde keine Ruhe finden, und sie würde sich eingeengt fühlen, sicher würde sie sich eingeengt fühlen. Er legte es ihr viermal in den Mund, aber sie wollte sich diese Version partout nicht zu eigen machen. Sie erregte sich im Gegenteil so sehr, daß er am Ende – nur damit sie sich nicht überanstrengte – nachgab. Er kleidete sich im Badezimmer aus. Sie wies ihn darauf hin, daß er ja wisse, wo seine Kleider zu finden seien. Er wählte ein T-Shirt und Boxer-Shorts und stellte verärgert fest, daß sie bereits im Bett lag und offensichtlich auf ihn wartete. Er flüchtete unter die Decke und begann sofort, sich vor einem Annäherungsversuch zu fürchten. Auch hielt er es jetzt für noch wahrscheinlicher als tagsüber, daß sie ihm ihre furchtbare Narbe präsentieren würde. Aber sie tat nichts dergleichen. Allerdings bat sie ihn, seine Hand in die Mitte des Bettes zu legen. Sie faßte die Hand an, und wieder war es ihm, als wenn sie aus der Berührung eine Kraft beziehen würde.

Die Nacht verlebte der Mann wach. In jeder Sekunde war er mit allen Sinnen bei der rechts neben ihm liegenden Frau. Sie bewegte sich wenig, und der Mann begann zu fürchten, daß sie sich nur wegen seiner Gegenwart so zusammenriß. Womöglich verschlimmerte seine Gegenwart ihren Zustand. Womöglich war er es, der ihr Leben verkürzte und ihre Erkrankung. Er mußte gründlich überlegen, im stillen probierte er Formulierungen aus, mit denen er Charlotte alles erklären wollte.

Als er die Küche betrat und den gedeckten Tisch sah, explodierte er. Die Frau trat erschreckt zurück, beteuerte ihren guten Willen. Er bestand darauf, klarzustellen, ein für allemal, daß sie sich nicht in seine Aufgaben einzumischen habe. Aber es war alles so liebevoll zubereitet. Der Mann atmete die gemütliche Atmosphäre ein, es war auch so warm, gar nicht fußkalt und klamm. Und er trank bereits die vierte Tasse Kaffee, als ihm der Kühlschrank einfiel:

«Wo kommt das alles her?» herrschte er die

Frau an. Sie wich aus, log schulmädchenhaft. Sie war am Morgen heimlich einkaufen gegangen, hatte das Haus verlassen, sich in Gefahr begeben, während der Mann in erschöpften Schlummer gesunken dagelegen hatte. Er mußte viel aufmerksamer werden.

Bald war wieder Sprache zwischen ihnen. Wäsche war zu waschen, Medikamente mußten von der Apotheke geholt werden. Rechnungen waren zu überweisen, ein Paket wartete auf der Post. Das war nach dem Geschmack des Mannes. Er konnte in Bewegung bleiben, mitfließen im Strom, Ergebnisse vorweisen. Er machte sich sofort auf den Weg. Im engsten Dunstkreis der Wohnung zog er den Kopf zwischen die Schultern. Er wollte nicht erkannt werden, keine Fragen beantworten müssen. Jetzt nicht und später auch nicht.

Er kam heil hinaus, erledigte alle Aufgaben, kaufte auf dem Rückweg Blumen und stand schon vor Pralinen, als ihm bewußt wurde, daß er nicht wußte, was die Frau essen durfte. Er aß ein Viertel Pfund Pralinen, weil er bei Kräften bleiben mußte. Er kam an einer Telefonzelle vorbei und nahm sich vor, Charlotte aus der Wohnung anzurufen.

Er stieß die Tür auf und hatte sofort Angst. Im Flur lag sie nicht, demnach mußte sie im Badezimmer liegen. Bilder des zerstörten Körpers peinigten den Mann. Dann stand sie vor ihm, sie war vollständig angezogen, sie trug einen Mantel, und er erkannte aus vier Meter Entfernung die dicke Schminke-Schicht, mit der sie sich Leben fürs Gesicht geliehen hatte.

«Das ist nicht dein Ernst», sagte er kategorisch. Aber es war ihr Ernst, und er gab nach, weil er befürchtete, daß der Streit sie noch stärker gefährden könnte. So gingen sie aus dem Haus, begegneten bis zum Wagen nicht weniger als vier Nachbarn, und der Mann durchlitt drei Small talks, die ihn körperlich erschöpften.

Sie bestand auf einem Wald, er wußte, welchen sie meinte. Sie freute sich so sichtbar auf die nächsten Stunden, er selbst hatte – so dachte er – lange nicht mehr im Angesicht eines solch kleinen Anlasses eine solche große Freude verspürt. Im Wald angekommen, schlug er automatisch die kleine Runde ein. Sie bestand auf der großen Runde, und wieder setzte sie sich durch. Es stellte sich heraus, daß sie in den letzten Monaten kein einziges Mal in diesem Wald gewesen war, auch in keinem anderen.

Sie ging langsam, sie schien stark genug, um

zu gehen, der Mann wurde ruhiger. Im stillen wunderte er sich, mit wie vielen alltäglichen Dingen sich die Frau beschäftigte. Er war auf Endzeit gefaßt gewesen, eine Bilanz des Gewesenen, Flucht ins nicht Gelebte, den Wettlauf mit der Zeit und die Wut darüber, daß er nicht zu gewinnen war. Aber die Frau sprach über Heizkostenabrechnungen, Pflanzen, die den Winter überstanden hatten, Strumpfhosen, einen Film im Fernsehen, Erbstreitigkeiten in der Familie der Pflegerin, zwei Bücher, die sie dem Mann ans Herz legte.

Für die Rückfahrt lenkte er den Wagen durch dieselben Straßen. An der großen Kreuzung, die über die Himmelsrichtung entschied, lag ihre Hand auf seinem Arm.

«Nein», sagte er.

«Bitte.»

«Das ist weit mehr als eine Bitte.»

«Erfüll sie mir.»

Beim erstenmal fuhr er am Bauernhof vorbei. Sie bat ihn, anzuhalten. Er bekam Panik, fürchtete, erkannt zu werden. Aber Charlotte konnte nach Lage der Dinge noch nicht zu Hause sein. Er hielt an.

Lange Zeit schwieg sie. Um das Schweigen zu brechen, begann er im Stile eines Maklers zu referieren, nannte Quadratmeterzahlen, Wohnfläche, Nutzfläche, Garten, Grundstück.

Plötzlich ging im Haus Licht an. Er hatte niemanden kommen sehen, also mußte Charlotte zu Hause gewesen sein. Jetzt war er nicht mehr sicher hier. Als er meinte, die Frau habe lange genug geschwiegen, startete er den Motor und fuhr von Nordosten kommend in den Bauch der großen Stadt hinein.

«Wir haben einen Tisch um 19 Uhr», sagte die Frau. Er verriß den Wagen, diskutierte, wehrte sich, um am Ende zu unterliegen.

Sie aßen gut, sie tranken gut, die Pausen füllten sie mit Espresso. Zum Abschluß die Schlacht am Amaretto, ihr Spiel aus der Vergangenheit.

«Weißt du noch?» alles zwischen ihnen war jetzt «Weißt du noch?»

«Weißt du noch?» 12 Jahre Gemeinsamkeit, Stichwörter, Erlebnisse, ein Paar und der Rest der Welt, Zeit in Bildern, ein Abkommen zur Verklärung. Als ich... als du... als wir... als man uns... als ich dir... als du mir... als wir uns... als wir gegen... als wir trotz... als wir uns einig waren... als wir wußten, was wir wollten... als wir wußten, wie wir es erreichen... als wir uns beistanden... als der eine stark war und der andere schwach... als wir Defizite ausglichen... als wir Ziele formulierten... als wir sicher waren... als wir vertrauten... als eine Hand die andere wusch... als Verlaß war... als wir uns fallenlassen konnten... als wir gemeinsam gelacht haben... als wir die gleiche Sprache sprachen.

«Weißt du noch?» Anekdoten für fünf dicke Bücher, Begegnungen mit Menschen, Reisen, Orte, Hotels, Wegstrecken. Der Mann hatte das Gefühl, als wenn er keinen Weg ohne die Frau gemacht hätte. Aber er war allein zur Arbeit gefahren, er hatte sie tagsüber nicht gesehen und abends nicht an jedem Tag. Im Badezimmer war er allein gewesen und auf der Toilette. Ins Theater war sie allein gegangen und er zum Sport. Von 168 Wochenstunden konnten sie unmöglich mehr als die Hälfte gemeinsam verbracht haben, vielleicht weniger, sicherlich weniger, ein Drittel, ein Viertel. Wo blieb die einsame Zeit in der Erinnerung? An diesem Abend in diesem Lokal blieb sie draußen vor der Tür. Zwischen ihnen brannten die Kerzen, brannten in den Augen der Frau.

Der Zusammenbruch kam stumm und brutal, er traf den Mann unvorbereitet. Sie befand sich vor ihm, schloß noch die Wohnungstür auf, auch die kleine Handtasche stellte sie noch auf die Kommode. Aber den Mantel zog sie schon nicht mehr aus, auch wenn sie einen Versuch unternahm, ihn über die Schulter rutschen zu lassen. Der Körper sackte in sich zusammen, ohne Dramatik, ohne Verrenkung und Geräusch, aber auch ohne Versuch, den Sturz aufzuhalten oder nur zu mildern. Der Mann streckte beide Arme aus, aber es gab nichts mehr zu halten. Es gab nur einen Kopf auf die hastig von der Garderobe gerissene Jacke zu betten. Es gab ihre Hand zu fassen, ihre Wangen zu tätscheln. Die Frau hatte die Augen geöffnet, aber die Augen schwammen in Wasser.

«Hast du Schmerzen?» fragte der Mann. Er haßte sich für die Dummheit seiner Frage, aber er mußte sie ans Reden bringen. Sie drückte seine Hand, die Tränen liefen. Aber sie lächelte. Der Mann war bestürzt, er glaubte, der Schmerz habe alle Gesichtszüge entgleisen lassen. Aber sie lächelte ihn an.

Elf Minuten später schob der Notarzt den Mann zur Seite. Der Mann nahm dies als Aufforderung, das Schlafzimmer zu verlassen. Er genierte sich, daß die Frau nach Alkohol roch. Er fürchtete, daß sie ihn dafür zur Rechenschaft ziehen würden. Am Fenster stehend wartete er das Urteil ab.

Offensichtlich telefonierte der Notarzt vom Schlafzimmer aus. Der Apparat im Wohnzimmer gab ein Geräusch von sich, wenn nebenan aufgenommen wurde.

Die Frau hatte die Augen geschlossen. Der Mann setzte sich zu ihr. Ohne die Augen zu öffnen, ergriff sie seine Hand.

«Bleib bei mir», flüsterte sie.

«Sie steckt bis zur Halskrause voller Schmerzmittel», sagte der Arzt von der Tür. «Im normalen Leben nennt man das Selbstmordversuch. Haben Sie dazu eine Meinung?»

«Wir waren essen», sagte der Mann, ohne sich umzudrehen. «Sie hat Tabletten genommen, um durchzuhalten.»

Der Krankenwagen kam. Fixe Jungs, die überraschend unsportlich, fast dick aussahen, organisierten den Abtransport des Körpers. Der Mann blieb so lange an ihrer Seite, bis sie es darauf anlegten, ihm an der Wagentür einen Arm abzuschlagen.

In seinem eigenen Wagen war er fünf Minuten später da. Sie checkten die Frau durch, Telefonate wurden geführt, Akten verglichen. Dann stabilisierten sie ihren Kreislauf, und damit hatte es sich. Der Mann sprach mit anderen Ärzten, Heroen der Nachtschicht, Männer und Frauen, denen die Überarbeitung im Gesicht saß.

Er verbrachte die Nacht auf einer Bank im Flur.

Um 7 Uhr 50 betraten sie wieder die Wohnung. Die Frau war kaum in der Lage, einen zusammenhängenden Satz zu sprechen. Sie besaß keine Reserven mehr, kein Blut in Gesicht und Händen. Schmerzwellen schüttelten ihren ausgemergelten Körper. Der Mann mußte sie auf die Toilette begleiten, mußte ihr beim Waschen helfen. Jetzt geschah all das, wovor er sich gefürchtet hatte. Er mußte an der Seite der Frau schlafen. Er versuchte, sich wach zu halten. Er wollte nichts verpassen, aber er wollte andererseits auch nicht alles mitkriegen. Denn sie stöhnte und warf sich herum. Doch das Herumwerfen verursachte neue Schmerzen, und sie stöhnte und warf sich herum. Der Mann wurde Zeuge, wie der Schmerz einen Menschen übernahm und unter seinen Willen zwang. Einmal am Tag erschien die Pflegerin. Der Mann verlangte nach Schmerzmitteln, die sie ihm jedoch verweigerte:

«Ich bin Pflegerin, keine Ärztin.» Er wollte einen Arzt anrufen und erkannte erst da, daß er den Namen ihres Arztes nicht kannte. Die Frau war «austherapiert» und nach ihrer höllischen Runde durch alle medizinischen Fakultäten wieder beim guten alten Hausarzt gelandet. Der Mediziner verweigerte Schmerzmittel, der Mann wollte darüber diskutieren. Der Arzt schützte ein volles Wartezimmer vor und unterbrach das Telefongespräch.

Die Frau schlief nun viel, aber sie besaß keinen Tag-Nacht-Rhythmus mehr. Die Wachphasen erstreckten sich über alle Stunden des Tages. Sie wollte nicht, daß der Mann ihretwegen wach blieb. Aber er war so unruhig, das bißchen Schlaf erfrischte ihn längst nicht mehr.

Tage und Nächte verfransten sich immer stärker zu einem unlösbaren Band. Mal war es draußen hell, dann wieder dunkel, aber dieser Wechsel des Lichts verlor für den Mann die gewohnten Bedeutungen. Licht war nicht mehr Arbeit und Wachsein, schwarz nicht mehr Freizeit und Schlaf. Er arbeitete pausenlos, er verließ die Wohnung nur noch, wenn der Hunger auf Süßes übermächtig wurde. In diesen Tagen aß der Mann jeden Tag ein halbes Blech Kuchen auf. Wenn kein Kuchen zur Hand war, aß er Schokolade und Kekse. Er hatte keine Vorlieben mehr, nur Zucker mußte es sein, viel Zucker.

Er brachte der Frau, was sie essen und trinken wollte. Er brachte ihr Blumen und entfernte Blumen, wenn sie behauptete, den Geruch nicht ertragen zu können. Er schüttelte Kissen auf, lüftete Betten, öffnete und schloß Fenster. Er fuhr der Frau mit feuchten Lappen über Gesicht und Hals und hielt vor dem Badezimmer Wache, wenn sie drinnen versuchte, künstliche Farbe ins Gesicht zu zeichnen. Sie gab das bald auf, aber vorher kamen zwei Tage, in denen sie beschloß, die Reste der Bräunungscremes auf einen Schlag zu verbrauchen. Sie sah grotesk aus, wie ein Mohr im Fasching. Aber sie weinte viel, und die Tränen gruben Furchen in das Braun. Sie aß so wenig, sie aß nichts mehr, und was sie aß, konnte sie nicht bei sich behalten. Sie wog schon so wenig und nahm immer noch weiter ab. Die braune Creme bedeckte nur noch Haut und Knochen. Aus der Farbpracht blickten den Mann Augen an, die von Tag zu Tag größer wurden. Er telefonierte mit dem Hausarzt, er ließ die Frau in der Obhut der Pflegerin und fuhr in die Praxis. Es kam zu einem Eklat, die Sprechstundenhilfe alarmierte die Polizei. Plötzlich standen zwei Streifenbeamte in der Praxis, ein

Wort gab das andere, wartende Patienten mischten sich ein, am späten Nachmittag drückte der Arzt der Frau im Schlafzimmer eine schmerzstillende Dosis in die Vene. Danach wollte er mit dem Mann das Setzen von Spritzen trainieren und verlangte dazu nach einer Orange, die – wie er sagte – den Widerstand der menschlichen Haut optimal simulieren würde. Der Mann verlangte nach Tabletten. Der Arzt ließ ihn stehen und verhandelte mit der Pflegerin. Der Mann stand wie ein dummer Junge daneben und dampfte vor Wut.

Er lebte nur noch für die Frau, und die Frau lebte für ihren Schmerz. Sie wurde von Stunde zu Stunde stärker zum Spielball ihres Krebses. Er fraß sich rund und satt, und das Fleisch schrie. Die Krankheit verschlimmerte sich mit einer Geschwindigkeit, die dem Mann den Boden unter den Füßen fortriß. Weil der Ansturm des Leids ihn so unvorbereitet traf, fand er keine Zeit, eine Barrikade gegen das Mitleid zu bauen. Er zerfloß, sooft er die Frau anblickte. Weil er das Gefühl hatte, als wenn sie in seiner Anwesenheit ruhiger wäre, blieb er 23 Stunden am Tag an ihrer Seite.

An Essen war nicht mehr zu denken, Flüssigkeit mußte der Mann der Frau mit sanfter Gewalt einflößen. Vieles ging jetzt schon daneben, beim Trinken und bei den Ausscheidungen. Die Pflichten schlugen über dem Mann zusammen, er begann die Momente herbeizusehnen, in denen die Frau in ihren ohnmachtsähnlichen Schlaf gefallen war.

Und an jedem Abend verlangte sie von ihm, im Bett neben ihr zu liegen, obwohl der Mann wenigstens stundenlanger Distanz so dringend bedurfte. Es kam der Abend, den der Mann nie vergessen würde. Er hatte das Licht gelöscht, die Frau hatte ihm die Erlaubnis dazu gegeben. In seinem Kopf brauste es, doch er befand sich auf dem Weg in gnädigen Schlummer, als sich ein Körper auf ihn legte, und eine schwache Stimme stieß heiser hervor: «Küß mich. Bitte küß mich.»

Abwehr und Entsetzen wollten ihn aus dem Bett, aus dem Raum, aus der Wohnung treiben. Er ekelte sich bei der Vorstellung, diesen Mund küssen zu müssen. Er ekelte sich bei der Vorstellung, daß die Frau die Lage dazu benutzen könnte, ihre Zunge in seine Mundhöhle zu schieben. Sie hatte sich am Tage ein dutzendmal erbrochen. Und obwohl sie von einer peniblen Körperhygiene war, in der sie nicht nachließ, hatte der Mann im dunklen Raum, im dunklen Bett das deutliche Gefühl, als wenn starker Geruch nach Erbrochenem in der Luft hängen würde. Dies mußte eine falsche Empfindung sein, er wußte dies und hielt sie doch gleichzeitig für wahr.

«Küß mich noch einmal», forderte die Stimme, und eine knochige Hand streichelte des Mannes Wange, fuhr über sein Ohr, seine Schläfe und den Haaransatz. Die Frau atmete flach und schnell, der Mann hatte es in der Hand, es ihr so leicht wie möglich zu machen. Aber er konnte sie nicht küssen, nicht diesen Mund, nicht unter diesen Umständen.

«Ich kann nicht...» flüsterte er.

«Du mußt dich nicht ekeln», sagte die Stimme. «Es ist nicht schlimm. Es ist doch nur ein Kuß.»

Die Hand wollte sein Gesicht herumdrehen, er wehrte sich, spürte das Gesicht über sich, wehrte sich. Dann fiel die Träne auf seine Stirn. Die Träne zerfloß auf der Haut des Mannes. Er lauschte der warmen Berührung nach, und er schämte sich. Mit beiden Händen ergriff er den Kopf der Frau. Die Haut glühte, alles nur noch Knochen. Er legte seine Lippen auf ihren Mund. Die Frau hörte auf zu atmen. Der Mann verstärkte den Druck seiner Lippen. Die Hand der Frau lag auf seiner Wange. Der Mann dachte, sein Herz müsse stehenbleiben. Der Kuß währte lange, dann legte die Frau ihr Gesicht in die Halsbeuge des Mannes. Die Frau weinte, und der Mann weinte auch.

So ging es noch zwölf Tage.

## 50 JAHRE ROWOHLT ROTATIONS ROMANE

50 Taschenbücher im Jubiläumsformat
Einmalige Ausgabe

Paul Auster, *Szenen aus «Smoke»*
Simone de Beauvoir, *Aus Gesprächen mit Jean-Paul Sartre*
Wolfgang Borchert, *Liebe blaue graue Nacht*
Richard Brautigan, *Wir lernen uns kennen*
Harold Brodkey, *Der verschwenderische Träumer*
Albert Camus, *Licht und Schatten*
Truman Capote, *Landkarten in Prosa*
John Cheever, *O Jugend, o Schönheit*
Roald Dahl, *Der Weltmeister*
Karlheinz Deschner, *Bissige Aphorismen*
Colin Dexter, *Phantasie und Wirklichkeit*
Joan Didion, *Wo die Küsse niemals enden*
Hannah Green, *Kinder der Freude*
Václav Havel, *Von welcher Zukunft ich träume*
Stephen Hawking, *Ist alles vorherbestimmt?*
Elke Heidenreich, *Dein Max*
Ernest Hemingway, *Indianerlager*
James Herriot, *Sieben Katzengeschichten*
Rolf Hochhuth, *Resignation oder Die Geschichte einer Ehe*
Klugmann/Mathews, *Kleinkrieg*
D. H. Lawrence, *Die blauen Mokassins*
Kathy Lette, *Der Desperado-Komplex*
Klaus Mann, *Der Vater lacht*
Dacia Maraini, *Ehetagebuch*
Armistead Maupin, *So fing alles an ...*
Henry Miller, *Der Engel ist mein Wasserzeichen*

## 50 JAHRE ROWOHLT ROTATIONS ROMANE

Nancy Mitford, *Böse Gedanken einer englischen Lady*
Toni Morrison, *Vom Schatten schwärmen*
Milena Moser, *Mörderische Erzählungen*
Herta Müller, *Drückender Tango*
Robert Musil, *Die Amsel*
Vladimir Nabokov, *Eine russische Schönheit*
Dorothy Parker, *Dämmerung vor dem Feuerwerk*
Rosamunde Pilcher, *Liebe im Spiel*
Gero von Randow, *Der hundertste Affe*
Ruth Rendell, *Wölfchen*
Philip Roth, *Grün hinter den Ohren*
Peter Rühmkorf, *Gedichte*
Oliver Sacks, *Der letzte Hippie*
Jean-Paul Sartre, *Intimität*
Dorothy L. Sayers, *Eine trinkfeste Frage des guten Geschmacks*
Isaac B. Singer, *Die kleinen Schuhmacher*
Maj Sjöwall/Per Wahlöö, *Lang, lang ist's her*
Tilman Spengler, *Chinesische Reisebilder*
James Thurber, *Über das Familienleben der Hunde*
Kurt Tucholsky, *So verschieden ist es im menschlichen Leben*
John Updike, *Dein Liebhaber hat eben angerufen*
Alice Walker, *Blicke vom Tigerrücken*
Janwillem van de Wetering, *Leider war es Mord*
P. G. Wodehouse, *Geschichten von Jeeves und Wooster*

Programmänderungen vorbehalten